ÉDITIONS EXERGUE
27, rue des Grands-Augustins - 75006 Paris

Titre original : *Earth Magic*
publié par Hay House, INC.

Traduit de l'anglais par Marie-Noëlle Antolin

ISBN : 978-2-36188-079-8
www.editions-tredaniel.com
info@guytredaniel.fr

Pour l'amour de notre Terre Mère
Et de tous ses Enfants

SOMMAIRE

INSTRUCTIONS POUR UTILISER LES CARTES ORACLE MAGIE DE LA TERRE

« Le monde nous parle. Nous devons simplement apprendre à mieux l'écouter. »

Nous sommes intimement liés à chaque forme de vie, et pourtant il est aujourd'hui évident que notre relation à la Terre s'est gravement déséquilibrée. Par l'éveil et l'activation de la mémoire enfouie de notre interconnexion à tous les êtres de cette planète, il nous est possible de restaurer l'harmonie, de redécouvrir que notre Terre Mère et tous ses Enfants sont profondément reliés, à la fois physiquement et spirituellement. Au fur et à mesure que notre être intègre cette connaissance, les nombreux domaines de l'Esprit se dévoilent à nous de différentes manières… l'une d'elles passant par l'utilisation de ce coffret de cartes oracle.

Les cartes oracle en général se fondent sur les anciennes méthodes de divination visant à discerner la réalité d'une situation ou d'une relation et à prédire l'avenir. Ce jeu en particulier contient des messages émanant d'éléments terrestres variés qui s'accorderont à votre voix intérieure pour vous offrir des réponses et des conseils adaptés à vos besoins. Par l'utilisation régulière de vos cartes, vous deviendrez de plus en plus conscient de la manière dont le monde et les esprits de ses divers éléments communiquent avec vous et vous ouvrent de plus en plus à l'écoute.

Chacune des cartes associe une image d'un élément de la Terre et un thème qui en est l'essence. Pour travailler avec elles, vous pouvez commencer par méditer sur les illustrations et les thèmes proposés. Puis recherchez chacune d'elles dans le livret explicatif où vous trouverez une description inspirée par l'image, suivie d'un message (en italiques) communiqué par l'esprit de l'élément concerné.

Leur utilisation est simple, que vous soyez novice ou expérimenté en la matière. Elles vous procureront des réponses précises pour vous-même et votre entourage en conscientisant votre connaissance intérieure, ce qui se ressent généralement comme une résonance avec les messages des cartes. Elles instillent de perspicacité les pensées, sentiments et croyances qui affleurent à la conscience et elles offrent une vision claire de la possible direction à suivre dans les domaines des relations, de la carrière, de la santé, des finances ou autre. De plus, ces visions peuvent vous aider à transformer vos pensées et croyances afin de faire des choix plus cohérents et conformes au but de votre vie.

Préparation d'un nouveau jeu de cartes

Plus vous utiliserez vos cartes oracle, plus elles se chargeront de votre force vitale. Avant de commencer vos tirages, il est bon de nettoyer le paquet de ses résidus ou impuretés psychiques indésirables.

Cela augmente l'efficacité des cartes. Il est important de les purifier également quand vous sentez que vos tirages deviennent imprécis ou vagues, et quand vous autorisez une autre personne à s'en servir. En fait, chaque fois que vous en ressentez la nécessité, procédez au nettoyage de vos cartes en les consacrant pour qu'elles se rechargent de votre force vitale et vous permettent de mener des tirages authentiques et fiables.

Pour consacrer vos cartes, prenez-les une à une pour les examiner. Ce geste emplit le coffret de votre énergie et vous permet de les découvrir individuellement (d'ailleurs, chacune d'elles apprend à vous connaître aussi). Puis, posez le jeu entier sur votre cœur, les images contre votre poitrine. Que vous soyez assis ou debout, assurez-vous d'avoir les deux pieds collés au sol. Fermez les yeux et inspirez lentement et profondément à trois reprises.

Faites une prière demandant à l'Esprit de vous aider à interpréter clairement les significations de chaque tirage pour qu'il soit juste, précis et empli de bienfaits pour toutes les personnes concernées. Ensuite, prenez de nouveau une profonde inspiration, concentrez votre attention et avec douceur, soufflez lentement la prière à l'intérieur du paquet.

Rangement des cartes

Vos cartes sont des outils sensibles qui peuvent facilement absorber des énergies variées. Il vaut mieux les ranger convenablement. Mettez-les dans un petit sac de cuir ou de velours, dans une boîte de bois sculpté ou dans tout autre récipient dédié à cet effet. Elles peuvent également être disposées sur votre autel pour donner et recevoir des bénédictions et de l'énergie de guérison. Si vous le souhaitez, placez un totem de votre esprit animal préféré sur le paquet, puis demandez-lui de protéger vos cartes de toute énergie indésirable.

Tirages de cartes oracle

Les cartes oracle *Magie de la Terre* sont destinées à une utilisation intuitive, aussi lorsque vous effectuez un tirage (pour vous ou quelqu'un d'autre), soyez attentif aux pensées, visions mentales, sensations physiques et sentiments qui vous viennent. N'utilisez le livret explicatif qu'après avoir consulté vos propres intuitions à propos de la signification des cartes. Bien que chacune possède un thème particulier, son sens peut varier en fonction de la situation.

Écoutez attentivement votre corps, car il sera votre source la plus précieuse pour comprendre l'énergie des cartes. En apprenant à reconnaître vos sensations et réactions physiques à chaque tirage, vous découvrirez une mine d'informations à votre portée, qui va bien au-delà des explications générales des cartes et du livret.

Pour commencer, centrez-vous en posant vos pieds bien à plat sur le sol et en prenant quelques inspirations lentes et profondes. Pensez à une question tout en mélangeant les cartes. (Si vous effectuez le tirage pour une autre personne, demandez-lui la sienne avant de mélanger.) L'interrogation peut être extrêmement précise ou très vaste, comme : « Que dois-je savoir maintenant ? » ou « Quel message avez-vous pour moi ? » Demandez à l'Esprit de vous aider à recevoir clairement la réponse.

Vous avez le choix entre plusieurs dispositions. Essayez chacune d'elles. Peut-être fixerez-vous votre choix sur l'une d'elles ou laisserez-vous l'intuition vous guider vers celle qui conviendra le mieux à chaque tirage.

Contemplation

Cette disposition à carte unique s'utilise soit pour un tirage rapide en réponse à une question, soit comme thème quotidien de méditation.

Paysages

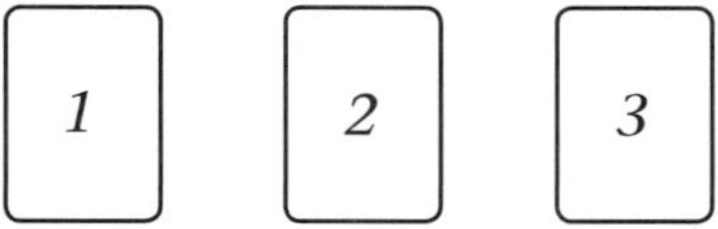

La disposition en paysage offre une représentation plus large des facteurs principaux impliqués dans votre demande.

Chronologie

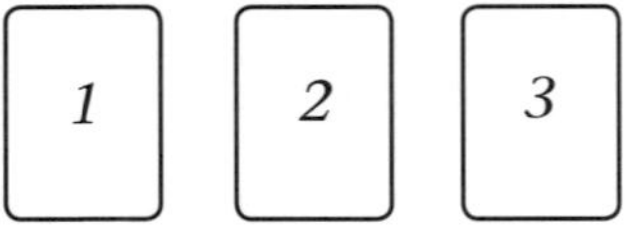

La disposition chronologique vous montre ce qui a influencé la situation présente et ses conséquences possibles.

Carte 1 : Le passé

Carte 2 : Le présent

Carte 3 : L'avenir

Relation

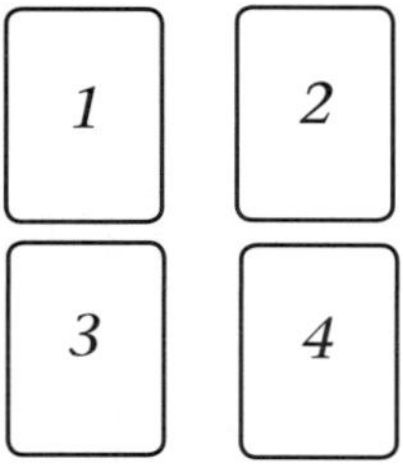

Cette disposition vous donne un aperçu de votre relation aux autres, que ce soit votre patron, votre employé, votre ami, votre partenaire ou votre voisin.

Carte 1 : Indique votre contribution à la relation

Carte 2 : Représente l'autre personne et sa propre contribution

Carte 3 : Les manières dont vos deux énergies s'adaptent l'une à l'autre

Carte 4 : Vision et compréhension

Croix

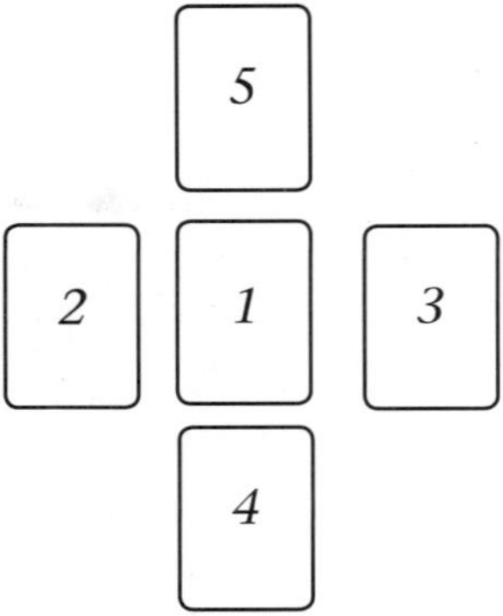

La disposition en croix s'utilise pour obtenir une guidance sur un sujet précis.

Carte 1 : Représente la question

Carte 2 : Influence subconsciente de causes qui vous sont inconnues

Carte 3 : Influence extérieure dont vous êtes conscient

Carte 4 : Ce dont vous avez besoin pour résoudre le problème

Carte 5 : Solution

Quelle que soit la disposition choisie, observez d'abord chaque carte en vous mettant à l'écoute de vos intuitions. Notez la première chose qui vous vient à l'esprit et les réactions de votre corps face à chacune des cartes. Cela peut prendre la forme d'une sensation, d'une vision, d'une voix intérieure ou simplement d'une certitude.

Si, au cours du tirage, l'une des cartes (ou plusieurs) « sautent » du jeu, accordez-leur une attention particulière. Déposez-les, faces visibles, près de votre tirage. Ces cartes « sauteuses » sont des atouts car elles comportent des informations supplémentaires, aussi prenez leurs messages en considération. Bien entendu, si un grand nombre de cartes tombent du jeu pendant que vous le battez, cela signifie avant tout qu'il faut apprendre à maîtriser votre geste !

Détendez-vous pour apprécier votre tirage et ayez confiance en vos réponses au lieu de vous demander si vous vous racontez des histoires ou si vous faites des erreurs. Rappelez-vous que vous ne pouvez pas vous tromper au cours d'un tirage. Les cartes que vous tirez reflètent précisément les conditions en cours.

Si vous ne voyez pas l'intérêt d'une certaine carte, demandez davantage d'information. Il est bon de lire les descriptions et les messages de ce livret pour vous familiariser avec eux tout en utilisant les cartes. Restez détendu et bien enraciné grâce à la respiration, l'intention positive, la prière, la méditation et/ou le rire. Toutes ces techniques facilitent la compréhension de vos réponses.

Quand vous regardez les cartes pendant un tirage, l'image elle-même et le thème associé peuvent déjà vous inspirer et répondre à la question posée. Il se peut que d'autres images vous viennent à l'esprit, déclenchées par les illustrations des cartes. Toute vision, pensée, sentiment ou mot qui vous vient contient des informations supplémentaires répondant à votre demande.

Si vous effectuez un tirage pour une autre personne et que les cartes ne semblent pas correspondre à sa requête, demandez-lui si une interrogation sous-jacente la tracasse. Il arrive souvent que les cartes réagissent à ces problèmes latents plutôt qu'à la question ouvertement posée. Par exemple, votre client vous parle de sa vie amoureuse alors que son esprit est focalisé sur sa sécurité financière. Les cartes vont traiter les questions d'abondance en priorité.

Lorsque vous effectuez un tirage pour quelqu'un d'autre, vous vous demandez parfois si l'information est pour vous, tant elle vous correspond. Dans ces conditions, ce qui est révélé vaut aussi bien pour vous que pour votre client. La réponse est valable pour lui, même si elle reflète votre situation et vos interrogations.

Pour faire des tirages à distance, utilisez les cartes de la manière décrite plus haut. Vous pouvez en effectuer par téléphone, par courriel, par la poste ou simplement en vous connectant à l'autre personne, dont la présence physique n'est pas indispensable pour garantir la précision des résultats.

SIGNIFICATION GÉNÉRALE DES CARTES

Ce livret explicatif vous propose une information supplémentaire concernant la signification générale des cartes. Le terme de *signification générale* est employé intentionnellement, car pour chaque nouveau tirage, le sens de la réponse peut varier selon le contexte. Lisez ce livret pour obtenir davantage d'idées et de visions par rapport au sens des cartes. Vous pouvez également vous référer à des sources extérieures, par exemple à mon livre sur le même thème[1] qui vous apportera des informations plus détaillées sur les différents éléments terrestres. Souvenez-vous de toujours considérer votre intuition comme primordiale dans le décryptage d'une disposition de cartes.

Sur chaque carte figure le nom de l'élément qu'elle représente ainsi que

1. *Earth Magic: Ancient Shamanic Wisdom for Healing Yourself, Others, and the Planet,* Steven D. Farmer, Hay House Inc., 2009.

le thème concerné. L'image et le thème vous procureront souvent l'inspiration pour comprendre le message, particulièrement lorsqu'ils sont en accord avec votre intuition personnelle.

Il est bon cependant de consulter ce livret afin d'appréhender de manière globale la signification de chaque carte, surtout les premières fois. Cela permet d'augmenter vos impressions et de mieux ressentir la manière dont ces cartes oracle fonctionnent. Consultez les descriptions et les messages qui suivent (en italiques) après avoir établi votre connexion intuitive à chacune des cartes.

ADN

Karma

Le *karma*, concept appartenant à de nombreuses religions orientales, est un terme sanskrit relatif aux grandes lois universelles de cause et d'effet qui fournissent un code d'éthique sous-entendu dans la structure des cycles éternels de vie, de mort et de renaissance (*samsara*) que nous expérimentons au cours de nos vies sous des formes différentes. L'erreur la plus courante est de penser que le karma est une sorte de punition. La réalité est tout autre : en fait, dans sa forme la plus simple, il affirme que notre conduite dans une vie conditionne notre incarnation suivante. Il montre aussi comment notre comportement et nos actes d'aujourd'hui créent des conséquences futures dans une version légèrement différente de la Règle d'Or.

Nous ne transportons pas uniquement le karma de notre âme dans cette vie, mais également celui de nos ancêtres, incorporé dans la structure complexe de notre ADN. Sa double hélice contient des codes transmis par nos parents, grands-parents et aïeux. Nous partageons donc certaines informations génétiques issues de l'ADN des premiers humains.

L'illustration de cette carte montre deux serpents entremêlés avec des doubles hélices de chaque côté. Il existe des variantes de cette image archétypale dans plusieurs cultures, à la fois traditionnelles et contemporaines. C'est une représentation graphique de l'ascendance la plus lointaine que nous puissions revendiquer : notre ADN, substance fondamentale de la vie elle-même, qui détermine considérablement notre chemin de vie.

Des aspects de votre âme ont pénétré votre être physique longtemps avant que votre corps ne commence à prendre forme. L'ADN hérité de vos parents biologiques comporte non seulement une composante physique, mais également un schéma subtil qui l'accompagne dans la création de votre personnalité. Vous êtes en quelque sorte prédisposé à suivre les exigences karmiques de cette programmation ; cependant, en ouvrant votre conscience et la remplissant de lumière, vous pouvez faire des choix qui transforment et modifient le dessein initial.

Nous sommes à l'une de ces périodes. Vous ressentez les à-coups de votre âme ancienne et karmique, et pourtant vous recevez les messages aimants et persistants de votre Soi Supérieur qui contrecarrent vos réactions habituelles. Le choix vous appartient, mais sachez que chaque fois que vous suivez la guidance de votre Soi Supérieur, que le résultat soit sous forme physique ou éthérique, votre conscience humaine s'élève. D'une certaine manière, cela devient un choix entre le sort et la destinée.

AIGLE

Communion

L'aigle et l'homme prennent contact par les yeux et par l'esprit. L'homme a lancé un appel rituel à son frère Aigle, qui vient amicalement vers lui. C'est une relation intime entre l'être humain et l'être ailé, une communion de l'esprit et de la chair. Une profonde parenté spirituelle les unit, fondée sur leur reconnaissance du caractère sacré de leur lien.

L'Aigle est parfois considéré comme le plus noble et le plus grand des Esprits, celui qui nous encourage à monter toujours plus haut. Nous savons que par une telle communion, il nous est possible de toucher le ciel. Nous découvrons que nous sommes bien plus que des créatures à deux jambes collées au sol. Nous sommes intimement reliés à tout ce qui vit sur la planète, et c'est en communiant avec toutes les expressions de la vie que nous réalisons à quel point nous sommes interconnectés.

Quand vous vivez une communion de coeur avec l'une des expressions physiques de la vie – végétale, animale, humaine ou autre –, c'est alors que vous ressentez vraiment combien votre force vitale ressemble à celle de tout ce qui vous entoure. Il n'est pas uniquement question de différence de forme. Une essence s'articule dans le monde physique d'une multitude de manières semblables chez tous les êtres, bien qu'elle se manifeste sous des formes et des caractéristiques variées. Cette essence est l'Esprit émanant du centre de toute chose.

Il est primordial pour vous aujourd'hui de communier avec la nature. Prenez le temps de faire une méditation les yeux ouverts auprès d'un animal ou d'une plante.

Détendez votre corps autant que vous le pouvez, respirez consciemment et gardez votre attention fixée sur la forme vivante avec laquelle vous communiez. Après quelques instants, vous aurez l'impression que les frontières se dissipent, fusionnant le « moi » et le « toi ». Vous recevrez peut-être des messages et serez emporté dans le flot d'une communication muette.

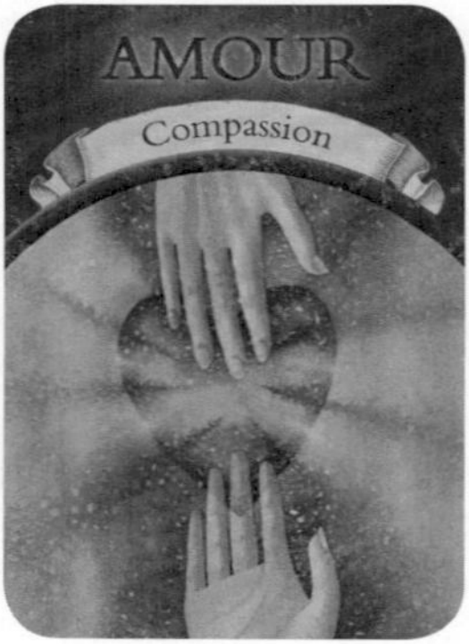

AMOUR

Compassion

Sur cette belle image, deux mains se rejoignent au-dessus d'un cœur. Le fond vert représente la couleur du quatrième chakra, celui du cœur. Quand nous ressentons l'amour au centre de notre être, non seulement nous émettons une énergie de guérison, mais nous attirons également l'amour et la compassion. Des études scientifiques révèlent que les signaux électriques cardiaques sont soixante fois plus forts que ceux du cerveau et que le champ magnétique y est cinq mille fois plus puissant.

Nous savons tous que nos schémas de pensée affectent nos sentiments et, par conséquent, notre réalité. Ce que nous exprimons – amour, empathie, peur, tristesse ou autre – contient une immense quantité de pouvoir prêt à façonner et à influencer notre réalité. Lorsque nous concentrons notre intention et notre attention sur l'amour et la compassion, nous perdons la notion de séparation entre nous et les autres.

Toutes les blessures prennent racine dans l'illusion d'être séparé de la Source et de toute la Création. Le chemin de guérison passe par un entretien constant de l'amour et de la compassion pour chaque être vivant sur cette planète, y compris vous-même. Il ne s'agit pas uniquement d'une acceptation irréfléchie, mais d'un sentiment profond de reliance avec ce que vous percevez comme différent de vous. La véritable compassion requiert non seulement la sensation de chaleur qui émane de votre cœur quand il se sent relié, mais également des actes de bonté, même si c'est une simple écoute d'une oreille attentive.

Respectez le fait que votre cœur soit un donneur (qui génère de l'énergie électrique) et un receveur (qui attire l'énergie magnétique). Vous ressentez mieux ces énergies en suivant le flot régulier de votre respiration tout en observant la zone du cœur. La rigidité, la peur, la colère et le jugement sont des moyens courants de bloquer votre désir naturel d'aimer. Le pardon n'est pas uniquement lâcher prise du jugement, mais également percevoir au-delà de l'illusion d'être séparé du Grand Tout. Regardez en vous et autour de vous, et faites votre possible pour aimer ce que vous voyez.

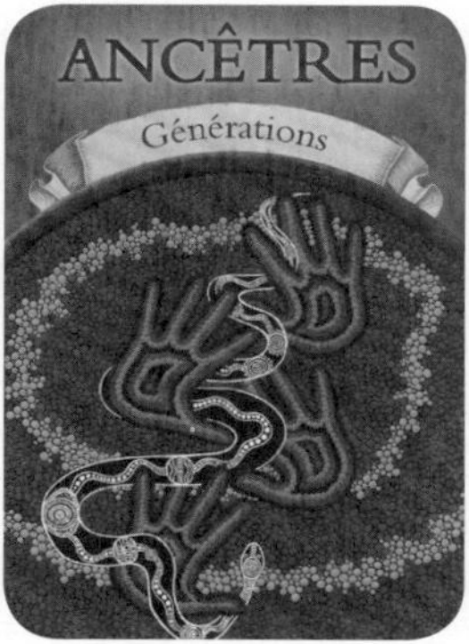

ANCÊTRES

Générations

Nos ancêtres sont ceux dont nous descendons, à commencer par nos parents et grands-parents, le long d'une lignée qui remonte le temps sur des centaines et des milliers d'années. Leur sang coule dans nos veines et nous sommes reliés à eux aussi bien spirituellement que génétiquement, dans une continuité sous-jacente dont nous ne sommes pratiquement pas conscients. Même si nous sommes influencés par notre environnement et par les circonstances – surtout durant l'enfance –, ces liens intimes de parenté sont en nous, comme un fil d'Ariane qui suit le cours de l'histoire depuis des millénaires, faisant partie intégrante de notre corps et de notre être.

Puisque nous sommes biologiquement et émotionnellement reliés à ces esprits, nous pouvons aisément demander leurs conseils et leur aide pour tout ce qui concerne notre famille, notre communauté et nous-mêmes. Sur l'illustration de cette carte, les mains symbolisent la connexion permanente avec le passé. Les Aborigènes australiens placent les ancêtres au cœur de leur spiritualité et de leur culture, et le Serpent Arc-en-ciel (l'Esprit qui créa toute vie sur Terre) s'entremêle dans les doigts de ces mains, représentant la manière dont ce peuple honore toute la création. Quelle que soit notre ascendance, nous avons beaucoup à apprendre de nos ancêtres.

Vous portez en vous le sang de vos ancêtres. Vous êtes profondément connecté à votre lignée. La preuve la plus flagrante de cet héritage est votre ressemblance physique avec vos parents et vos grands-parents. Mais au-delà de cette évidence et même si cela se trouve hors de vos sens habituels, vous êtes relié à vos aïeux sur une période de plusieurs millénaires. C'est le moment de faire appel à eux, ceux de votre sang et ceux qui ont foulé la terre où vous vivez aujourd'hui.

Dans de nombreuses cultures indigènes, on croit que l'essence des anciens pénètre différents aspects du paysage. En d'autres termes, ils sont dans l'eau, dans l'air, dans les arbres, les animaux, les pierres – leur sang imprégnant la poussière et le sable où nous marchons.

La prochaine fois que vous sortirez, permettez à vos sens de s'accorder à ces esprits qui demeurent dans le monde physique. À tout moment, vous pouvez ouvrir votre cœur aux ancêtres dont vous descendez par le sang et à ceux qui vivaient autrefois sur la Terre où vous habitez.

ARBRE

Enracinement

Remarquez comme les arbres, les Êtres Debout, illustrent l'équilibre entre le ciel et la Terre. Leurs branches s'étalent en largeur et en hauteur, comme dans une demande de nourriture au Père Ciel. Leurs feuilles aspirent le dioxyde de carbone et rejettent l'oxygène – processus vital pour les humains et pour de nombreux êtres vivant sur la planète. Leurs troncs et leurs racines sont fermement plantés dans le sol, leur permettant de recevoir les bienfaits d'un autre type de nourriture de la Terre Mère. Ils retournent le service avec gratitude et répondent aux besoins de nombreux êtres en offrant leur bois.

Cette image montre un arbre magnifique dans un pré, au bord d'une mare, accueillant les premiers rayons du soleil matinal. Son reflet est visible dans l'eau, mais ses racines sont enfoncées dans le corps humide et fertile de la Terre Mère. Leur solidité renforce le désir inné de l'arbre de pousser vers la lumière, non seulement vers le haut, mais également vers l'extérieur.

Vous vous sentez dispersé et somnolent ces derniers temps. Vous n'êtes pas vraiment dans votre corps, c'est pourquoi vous n'arrivez pas à vous enraciner. Ce n'est pas une métaphore, en ce sens que votre corps est constitué de matériaux issus de la Terre. Ainsi, quand vous

vous sentez déconnecté de votre corps, vous l'êtes aussi de la Terre. Faites en sorte de vous ancrer. Cela peut se faire très simplement.

Les pieds fermement posés au sol, sentez vos racines éthériques s'enfoncer dans la Terre. Accompagnez votre souffle, afin qu'à chaque expiration, vous les imaginiez de plus en plus profondes. Chaque fois que vous inspirez, attirez le pouvoir d'amour et de sollicitude de la Terre Mère.

Dès que vous en avez l'occasion, sortez dans la Nature et asseyez-vous au pied d'un arbre ou adossez-vous à son tronc. Sentez sa robustesse et son intégrité – il est ce qu'il est, tout simplement. Inspirez l'essence de l'Esprit Arbre et laissez-le vous combler. Marchez pieds nus très lentement pour maintenir la connexion.

ARC-EN-CIEL

Bénédictions

Un arc-en-ciel naît de la collaboration du soleil et de l'eau présente dans l'atmosphère. Les gouttelettes d'eau deviennent de minuscules prismes qui diffusent et dispersent collectivement la lumière en un ruban de couleurs répertoriant l'essence de toutes les teintes qu'il est possible de percevoir sur notre planète. L'arc-en-ciel symbolise de nombreuses choses, dont la chance, l'abondance ou un pont céleste.

Il nous est difficile d'ignorer la majesté de l'arc-en-ciel et la douce énergie inhérente à la disposition de ses couleurs. C'est un mélange simple d'éléments qui s'accordent en une harmonie parfaite pour créer l'une des plus belles visions de la Création. Bien que différentes significations lui soient attribuées, elles se rejoignent sur l'idée qu'il porte bonheur.

L'artiste à l'origine de cette illustration a peint cet arc-en-ciel en souvenir d'un ami qui venait de mourir. Elle y travaillait souvent après un moment de tristesse et de larmes, quand elle ressentait de l'amour pour cet ami, de la gratitude pour les bienfaits qu'il avait apportés à sa vie et au monde.

L'orage est passé, il est temps d'apprécier la beauté rafraîchissante de ce nouveau cycle, même s'il vous a été difficile de trouver une utilité à ce que vous venez d'endurer. Vous pouvez maintenant en mesurer les résultats. Ne regardez pas uniquement le « bon côté » des choses pour adhérer à quelque mantra théorique sans cœur ni profondeur, mais faites-le à votre rythme et avec une gratitude authentique et personnelle.

Ce processus d'évolution perpétuelle de la vie est en soi un bienfait – l'opportunité d'exister en tant qu'être humain sur Terre. Cette planète est un jardin merveilleux, même si cela ne nous paraît pas toujours évident. Parfois, c'est seulement en revivant le souvenir d'une expérience que l'on voit enfin les bienfaits qu'elle nous a offerts. Bénissez vos épreuves et vos expériences douloureuses, puis laissez-les s'envoler.

AUBE

Renouveau

Le début de la journée apporte le réconfort après la nuit et ouvre la voie à de nouvelles opportunités, quoi qu'il se soit passé la veille. Cela nous rappelle la prévisibilité des cycles quotidiens. La première lueur qui précède l'apparition du soleil réveille les oiseaux, qui se mettent à chanter et à gazouiller joyeusement à l'annonce d'un nouveau matin. C'est la fraîcheur du renouveau grâce auquel nous pouvons créer tout ce que nous désirons.

Sur cette image, on voit les rayons du soleil s'étirer dans la vallée pendant que l'astre du jour lui-même jette un œil au fond du paysage, comme s'il voulait poursuivre sa course le long de la rivière, qui paraît relativement calme après son repos nocturne. Cette scène illustre parfaitement le renouveau et les commencements.

Lorsque vous êtes témoin des prémices de l'aube sans connaître l'heure qu'il est, vous ne pouvez discerner pendant un certain temps si le ciel s'éclaire réellement ou non. Les étoiles restent visibles, les ombres de la nuit s'étalent encore sur le paysage endormi. C'est ainsi pour tous les commencements : il est difficile de dire où finit l'ancien et où débute le nouveau. Petit à petit, vous sentez clairement que la lumière s'accroît. En continuant d'observer, vous voyez le monde s'éveiller lentement, accompagné de sons, d'odeurs et de cette fraîcheur associée à l'aube. Bientôt, les premiers rayons du soleil se montrent à l'horizon. Un nouveau jour commence.

C'est le moment de dire adieu à l'ancien et d'accueillir le nouveau, en lâchant prise des contraintes que vous vous imposez et des résistances à la vérité desquelles vous êtes coutumier. C'est l'occasion de développer le projet auquel vous pensez, de programmer l'aventure dont vous rêvez, de prendre des risques en démarrant ce que votre intuition vous demande de concrétiser.

Alors que cette perspective devient de plus en plus visible et réelle, les doutes et les incertitudes se font jour. Mais rassurez-vous : tout comme l'aube annonce inévitablement un jour nouveau, votre guidance intérieure vous mènera à la réussite.

BALEINE

Saut

Cette puissante créature marine agite plusieurs fois ses nageoires pour se propulser brièvement hors de l'eau où elle passe la majeure partie de son temps. Elle rompt avec l'élément naturel dans lequel elle vit pour exister, même un court instant, dans le royaume du ciel bleu inondé de soleil, ayant déchiré la surface de l'océan dans une magnifique démonstration de robustesse et de plénitude. Tous les cétacés sautent, mais aucun n'est aussi démonstratif que la baleine à bosse, considérée comme l'acrobate de la famille. Elle se cambre, s'étire et vrille son corps même en approchant de la surface de l'eau, dans ce qui est soit un ancien rituel d'accouplement, soit une forme de communication ou un moyen de se débarrasser des parasites.

Sur cette image, la baleine à bosse jaillissant de l'eau exprime un sentiment de libération presque palpable. Quand nous réussissons à transformer notre environnement – pour casser les blocages illusoires –, nous ressentons un immense soulagement et nous pouvons lâcher prise des peurs qui nous retenaient et des suppositions sur ce qui pourrait arriver si nous pouvions surmonter telle ou telle barrière, qu'elle soit matérielle, émotionnelle ou mentale. Le simple fait de nous libérer de l'emprise de la technologie pendant quelques heures pour passer du temps dans la Nature est un saut hors des pièges de la civilisation qui nous étouffe et nous empêche de nous connecter à la terre.

Il est temps de faire une pause! Pas seulement une pause-café, mais un éloignement de l'environnement habituel dans lequel vous évoluez. Quel voyage vouliez-vous entreprendre? Allez-y. Fatigué de rester à l'intérieur? Arrangez-vous pour sortir. Vous êtes tellement habitué à votre environnement que vous avez créé autour de vous une illusion de sécurité, cependant ce ne sont pas vos objets qui peuvent vous protéger. Au contraire, la familiarité dont vous les avez imprégnés génère ce faux sentiment de bien-être.

Passer du temps loin de ce qui vous est familier permet de changer de manière significative votre environnement extérieur, comme lorsque vous faites une chose inhabituelle ou quand vous concrétisez l'un de vos rêves. Vous avez aussi la possibilité de briser la barrière de croyances qui vous ont restreint d'une manière ou d'une autre et empêché d'être qui vous êtes réellement. C'est maintenant l'occasion de faire des brèches intentionnelles dans ces schémas de pensée, afin de vous ouvrir à d'autres mondes et à d'autres perspectives.

BROUILLARD

Voile

Le brouillard est avant tout un nuage bas, une couverture de cristaux qui n'ont pas atteint la densité de gouttes d'eau. Plus il est épais, plus il nous ensevelit dans ses immenses bras humides. Il est parfois si dense qu'il nous empêche de voir juste devant nos pieds. Dans ces moments-là, si nous faisons une pause et nous laissons envelopper dans son voile d'une densité impénétrable, le silence reste le seul son audible. Nous ressentons alors l'envie de ne rien faire qu'attendre ce qui doit être révélé.

Cependant, même au milieu du plus épais brouillard, nous avons la certitude qu'il finit toujours par se dissiper quand les rayons du soleil commencent à infiltrer le voile. Lorsqu'ils paraissent, nous savons par avance que leur lumière et leur chaleur nous apporteront un réconfort bienvenu après la froidure. Au fur et à mesure de la dispersion du brouillard, le paysage s'illumine et nous pouvons reprendre notre route.

Vous êtes empêtré dans la confusion et l'incertitude, et ne savez pas si la situation va s'éclaircir. Ce n'est pas le meilleur moment pour prendre des décisions, surtout les plus importantes. Sachez que ce voile de brume finira par se dissiper. Même si d'une certaine manière, vous contribuez inconsciemment à cet état de fait, en réalité ce n'est qu'un cycle que vous traversez et, comme toutes choses, cela passera.

Autorisez-vous l'incertitude – décidez même d'être troublé. Quelles que soient vos tentatives d'influencer les événements ou d'agir par impatience ou frustration, vous risquez simplement de créer une plus grande confusion et davantage d'incertitude. Alors restez serein et soyez patient. Attendez la première lueur de conscience qui soulèvera votre voile afin de mieux distinguer les choix qui se présentent à vous et de pouvoir vous aligner sur la volonté de l'Esprit.

CASCADE

Facilité

L'eau coule naturellement de haut en bas, se frayant toujours un chemin vers l'océan. La cascade est l'une des démonstrations les plus exquises et dynamiques de cet état de fait. Gracieuse, puissante et agile, elle affiche une beauté à nous couper le souffle. Elle contourne facilement les obstacles qui pourraient la ralentir. Elle est extrêmement patiente, persévérante et habile en ce sens qu'elle creuse et sculpte ses chemins le long du flanc de la montagne.

Remarquez les rubans que forme la cascade ; ils s'intègrent à la géométrie du rocher qu'elle dévale pour rejoindre le bassin calme au-dessous et se reposer avant de reprendre sa route. Son mouvement ne connaît ni contrainte ni tension. L'eau suit tout simplement la loi naturelle de l'attraction terrestre en tenant compte des aspérités du précipice qu'elle traverse avec sa grande fluidité et l'adaptabilité de son flot. Facile !

Vous êtes arrivé au bout de votre parcours confortable et vous luttez pour résister au précipice qui menace de vous obliger à reconnaître qui vous êtes, comment vous pouvez être et ce que vous pouvez faire. L'Esprit vous demande de franchir le cap et de vous autoriser à le faire facilement et sans résistance. Bien sûr, les efforts physiques sont parfois nécessaires, mais lorsqu'ils sont fournis avec grâce et fluidité, même si la tâche paraît ardue, vous remarquerez que le mouvement vous porte sans effort.

Abordez la situation ou la relation actuelle avec grâce et conscience. N'essayez pas d'aplanir les difficultés – vous ne feriez que les renforcer. La seule clé est de permettre. Ce n'est pas le moment de lutter, mais de vous abandonner à la volonté de l'Esprit, même s'il s'agit de lâcher totalement prise et de tituber au bord de la Création elle-même. Vous y rejoindrez des eaux finalement calmes et tranquilles. Restez concentré sur votre plexus solaire et votre souffle, en respirant dans toutes vos tensions. Le fait de vous relaxer et de céder au mouvement qui vous emporte rend la vie plus facile.

CÉRÉMONIE

Invocation

C'est lors des cérémonies sacrées que nous avons les plus grandes chances de connaître la communion avec la Source, alors que la dualité ressentie entre le Ciel et la Terre se fond dans l'expérience du Divin. L'utilisation d'objets imprégnés d'une signification spirituelle produit un appel catalysé par une intention claire et une préparation précise. Une cérémonie sacrée est une prière active.

Sur cette image, une femme s'agenouille devant un autel où sont disposés un certain nombre de cristaux, la lumière émanant de ses mains. On voit brûler de l'encens, l'esprit Serpent repose près d'elle et divers êtres éthérés apparaissent dans un halo lumineux autour de sa tête.

La tapisserie sur laquelle elle est assise semble être en feu, symbolisant la passion enflammée engendrée par une extrême concentration de l'Esprit invoqué pour la cérémonie. Faire appel à l'Esprit de cette manière facilite une sensation de connexion directe et profonde avec la Source.

Que ce soit par indifférence, dépression, difficulté ou à cause d'une quelconque manifestation d'un blocage mental, émotionnel ou physique, vous avez perdu votre intimité avec l'Esprit auquel vous aspirez. Il est important de faire tout ce que vous pouvez pour renouer avec le pouvoir spirituel en vous et autour de vous. Faites-le en effectuant une cérémonie qui comprend non seulement l'Esprit mais également des objets matériels que vous considérez comme sacrés.

Organisez un autel dans un endroit tranquille, plutôt éloigné de votre lieu de vie habituel. Commencez par la représentation des quatre éléments primordiaux (Eau, Air, Feu et Eau), puis ajoutez-leur quelques objets. Posez votre intention pour la cérémonie, selon que son objectif soit de soigner, de célébrer ou d'honorer une saison ou un cycle naturel particulier. Faites ensuite une invocation à vos guides spirituels.

Imprégnez-vous de leur présence et demandez à ces êtres divins de vous guider tout au long du processus. Ayez confiance en leurs conseils. Sentez vos battements de cœur et votre respiration. Le souffle est la clé d'une véritable expérience de l'Esprit et la création d'une cérémonie est le véhicule qui la soutient.

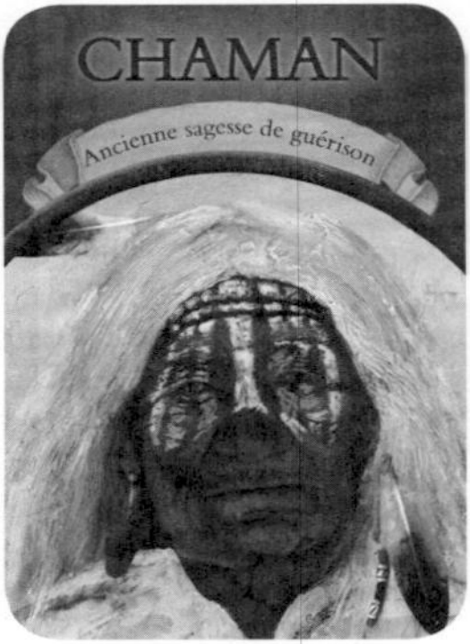

CHAMAN

Ancienne sagesse de guérison

Les yeux profonds et emplis de compassion de ce chaman amérindien représentent la sagesse de celui qui a vu et qui sait. Visions, esprits, souffrance et joie font partie de son expérience, et il sait que tout ce qui existe vient de l'intentionnalité de l'Esprit. Capable de voyager au-delà du voile de la réalité quotidienne, le chaman a la mission primordiale de maintenir l'équilibre entre ce qui est emprunté à la Nature par sa communauté humaine et ce qu'elle lui rend. Lorsque la balance penche trop d'un côté, il doit faire le nécessaire pour la redresser. L'équilibre, c'est la santé.

Le chaman vit sa vie comme une cérémonie et traite toute chose avec vénération, y compris le grand mystère de la mort et celui, encore plus merveilleux, de la vie. Il travaille avec les esprits – dont ceux de ses ancêtres – qui l'assistent au service de son peuple et de la Terre Mère, fournissant une liaison entre les mondes physique et spirituel.

Chargé en priorité de soulager la souffrance, il s'exécute en soignant en priorité les blessures spirituelles, sources de toutes les maladies. Ces pouvoirs de guérison se transmettent de génération en génération depuis des millénaires, car les anciens connaissaient les capacités curatives de l'Esprit.

Toutes les maladies, qu'elles soient physiques, émotionnelles ou psychologiques, prennent racine dans un trouble de l'Esprit. Cela peut provenir d'un deuil, d'intrusions psychiques, d'un karma ancestral ou de toute autre cause spirituelle ayant contribué à l'état pathologique pour lequel vous demandez de l'aide aujourd'hui.

Quelles que soient vos méthodologies et remèdes préférés, allopathiques, alternatifs ou un mélange des deux, soignez votre esprit en priorité. Sachez que la blessure spirituelle la plus profonde est l'illusion de se croire séparé de la Source (Dieu, Grand Esprit ou autre nom que vous donnez au Créateur). C'est un piège du mental qui crée cette sensation de séparation.

Le temps est venu pour vous de guérir en profondeur, en commençant par votre relation avec l'Esprit. Faites appel à vos guides spirituels et à vos ancêtres pour vous aider avec les soins physiques, émotionnels et mentaux dont vous avez besoin. Demandez au Créateur de vous aider à réparer les failles de votre relation au Divin. Choisissez les pensées qui privilégient l'unité et le bien-être. Autorisez les ombres et les pensées moins lumineuses à se manifester aussi et observez-les tout simplement quand elles montent à votre conscience avant de se dissoudre. Voyez-vous guéri dans la plénitude et la joie, et vous le serez.

CRISTAUX

Concentration

Cette image montre une grotte aux cristaux d'améthyste baignant dans l'eau d'une rivière, les points lumineux représentant la force spirituelle dégagée par les gemmes. L'améthyste, à l'instar des autres types de quartz, s'utilise depuis des millénaires pour la guérison et la magie, ainsi que pour intensifier les capacités psychiques. Sa couleur violette étant celle du chakra couronne, elle est souvent considérée comme une pierre « spirituelle ».

La nature du cristal de quartz – deuxième élément le plus commun de l'écorce terrestre – est de faciliter la concentration de notre force vitale ou Esprit. Où se pose l'intention, la force se rassemble – et les cristaux multiplient encore ce pouvoir. Notre intention influence la direction de notre attention. Quand nous en sommes totalement conscients, cela facilite la concentration du pouvoir spirituel et accélère la matérialisation de nos voeux dans la réalité physique.

Il est temps de porter toute votre attention sur le sujet de votre demande. Éliminez les distractions pour lui offrir une concentration totale. Que ce soit un projet, une relation ou simplement une promenade relaxante dans la Nature, soyez complètement présent à la situation. Une concentration aiguë élargira votre conscience et permettra à votre guidance intérieure de vous y donner un meilleur accès, ce qui fera fructifier vos actions qui seront justes et appropriées.

En vous focalisant avec la clarté du cristal, vous suivez le flot de votre force vitale et faites un avec elle. Ce n'est pas un état de vigilance ou de tension accrue, mais bien de détente et d'attention relaxée. Gardez les yeux, les oreilles et le cœur fixés sur ce qui retient votre attention et les miracles se manifesteront. Pour paraphraser un personnage de fiction, « La Force est en Vous, » utilisez-la pour améliorer votre vie.

DANSE

Célébration

Cette femme danse sur le thème d'une ancienne légende, l'une de celles qui passent de génération en génération depuis des siècles. Elle mime le récit avec des mouvements dont la chorégraphie naît d'une collaboration entre la tradition, les rituels et sa propre intuition. La danse elle-même devient parfois l'histoire. Bien qu'on ne puisse les voir ni les entendre, d'autres personnes chantent et frappent dans leurs mains pour accompagner la danseuse. C'est une célébration collective centrée sur une légende qui se transmet depuis bien des générations.

Depuis des milliers d'années, quelle que soit notre lignée, nos ancêtres commémoraient par le chant et la danse des histoires ritualisées. Comme sur cette illustration, les mouvements donnent vie à un récit kinesthésique. La participation de la communauté à cette représentation chaleureuse resserre les liens entre les gens et les connecte à leurs racines spirituelles ancestrales. Lorsque nous célébrons ainsi un événement, cela remue en nous un sens profond de gratitude, d'amour et de reconnaissance.

Le caractère sacré d'une célébration dépend de la qualité de l'esprit présent. Elle est plus grande dans la mesure où vous êtes totalement présent, avec le moins d'inhibitions possibles pour exprimer la joie et le bonheur dans vos mouvements. Concentrez-vous sur ce que vous célébrez. Mettez de la musique et dansez, lentement ou plus rapidement. Chantez pour accompagner vos mouvements. Choisissez un thème que vous avez vraiment envie de fêter.

Dieu veut que chacun de nous passe le meilleur temps possible sur Terre et une partie de ce souhait vise à apprécier notre capacité à être joyeux et à l'exprimer avec le corps. Que ce soit en privé, avec un groupe d'amis ou en public, utilisez la musique, la chanson et la danse comme élément essentiel de vos cérémonies sacrées, indépendamment du thème choisi. Car en réalité, toute célébration est sacrée.

DÉSERT

Quête vivionnaire

Dans cette zone climatique aride que l'on nomme *désert*, les paysages changent et se transforment au cours de la journée, tout en gardant une présence subtile et caractéristique. Les rares espèces de faune et de flore qui y ont élu domicile sont adaptées depuis des éons à la rigueur relative de ce climat. Tout au long de l'histoire se sont transmis de nombreux récits de peuples nomades. Ils parlent souvent de personnages religieux ou de maîtres ascensionnés qui ont séjourné dans le désert avant de revenir vers leur peuple, porteurs de messages remarquables.

C'est l'endroit idéal pour partir en quête d'une vision ou, plus précisément, pour en laisser venir à soi. Le silence et la paix d'un tel environnement sont favorables à la solitude requise pour vivre ce genre d'expérience profonde. Le fait de passer du temps dans un désert, sans les accessoires habituels de la civilisation, représente un défi à la mort, du moins dans l'opinion courante. Cela peut à juste titre s'appeler une « quête rituelle », dans laquelle la régularité de cet environnement monotone permet de recevoir la guidance directe de l'Esprit à l'intérieur et à l'extérieur de soi.

Une « quête de vision » est un processus qui consiste à passer quelques jours en solitaire dans la nature sauvage. Normalement, il s'agit de n'emporter que de l'eau et quelques objets sacrés, et de passer la majeure partie du temps à prier et à méditer. Ceux qui l'ont vécu affirment que c'est une expérience puissante, capable de transformer leur vie, et ils en rapportent des révélations profondes et parfois saisissantes. On dit que « le désert ne ment pas, » et il peut vous aider à découvrir la vérité sur le but de votre vie, ou du moins vous fournir quelques indications.

Il est temps pour vous de partir en « quête de vision ». Choisissez un lieu en pleine nature où trouver refuge, que ce soit pour quelques heures ou plusieurs jours. Passez-y la majeure partie de votre temps à prier et à méditer. Il est préférable de trouver un endroit où vous serez vraiment seul, même si c'est au fond d'un parc pour un simple après-midi. Où que vous alliez, gardez vos questionnements, vos soucis et vos épreuves avec vous dans vos méditations et vos prières. Laissez-les flotter dans votre conscience et observez ce qui vient à vous.

Cette carte oracle est l'une des plus puissantes. Quand vous la tirez, elle amplifie trois fois tout autre message qui l'accompagne.

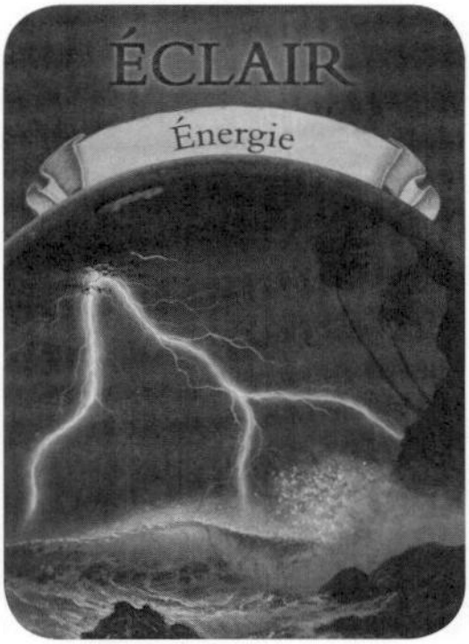

ÉCLAIR

Énergie

L'énergie est visible tout autour de nous. Elle est dans les montagnes, les prairies et les nuages – dans toutes les expressions de la Nature – et cependant, il n'existe pas de manifestation plus évidente de son pouvoir que l'éclair. Il électrifie et déchire l'atmosphère avec une telle violence que lorsque l'air chaud est bousculé, nous entendons le tonnerre – un applaudissement divin.

Les éclairs affinent nos sens, attisent nos peurs et suscitent notre admiration. Voyant ces rayons fourchus de lumière éclatante tressauter dans le ciel, notre vigilance instinctive se déclenche en anticipation du rugissement qui suit.

Nous cherchons rapidement un abri ou remercions d'en avoir déjà un. Cette démonstration du pouvoir de la Création est l'une des manières de nous rappeler que nous n'avons pas le contrôle sur les éléments naturels. Quand nous observons, le cœur ouvert, le pouvoir de la Nature, nous voyons qu'il n'est ni destructeur ni constructif... Il est, tout simplement.

Le pouvoir qui vous est offert, la force de Vie elle-même, est une énergie neutre. Elle n'est jamais intrinsèquement bonne ni mauvaise. C'est votre manière de l'utiliser qui s'avère finalement nuisible ou utile et en harmonie avec la volonté de l'Esprit qui pulse en vous. Il vous est demandé de prendre conscience de vos intentions et de vos valeurs en ayant la volonté de les améliorer dans le cadre de votre requête.

Bien que vous ayez l'impression d'utiliser ce pouvoir pour la bonne cause, ne vous laissez pas piéger par la dualité du bien et du mal pour déterminer vos décisions et vos actions. Vous pouvez puiser dans cette force spirituelle par vos prières et vos rituels. En prêtant une attention soutenue aux incitations de l'Esprit, le bon choix vous sera finalement révélé au-delà de vos perspectives habituelles. Vous pourrez alors continuer à accéder à ce pouvoir divin, à la force même qui gouverne l'univers.

ENFANCE

Innocence

La lumière céleste se pose sur les enfants par le biais des rayons du soleil qui illuminent leur présence comme un projecteur. La petite fille tend la main vers eux et l'ensemble de ces éléments tracent le portrait d'une activité idyllique de l'enfance, pour ceux d'entre nous qui eurent le privilège d'explorer le monde naturel. L'étendue d'herbe verte de la prairie entoure une petite mare qui mène à une vallée au loin, plus sombre et voilée par les nuages mêmes qui produisent le remarquable jeu de lumière tombant sur les enfants.

Au cours de leur exploration du monde, ils perdront inévitablement un jour leur innocence originelle. Mais cette perte n'a rien d'irrémédiable. Nous n'avons pas à vivre en permanence dans la crainte des événements futurs, ni à contrer la disparition de notre pureté en ressassant le passé et en passant à côté du présent.

La sagesse et la foi accumulées grâce à nos expériences de vie sont les clés permettant de retrouver l'innocence perdue. La lumière qui nous guide dans les passages difficiles est celle de l'Esprit intérieur qui nous connecte à la Source. En retrouvant l'innocence, nous nous apercevons que jamais nous ne l'avions perdue, mais seulement oubliée.

L'innocence n'est pas uniquement le contraire de la culpabilité ou de la honte, mais une qualité en elle-même, que nous possédons tous de manière innée. Les épreuves que vous avez dû affronter au cours de votre vie ont ensuite façonné votre personnalité et votre caractère. Vous avez certainement vécu des déceptions et des ruptures qui vous ont aigri ou rendu cynique, et vous avez sans doute connu des moments où la colère et la peur bloquaient votre flot de vitalité, votre force vitale.

Cependant, il existe malgré tout en vous un centre d'innocence que vous pouvez réveiller en libérant les sentiments de honte qui occultent la vérité de l'être que vous êtes. Trouvez toutes les occasions de débusquer et de lâcher cette honte afin de retrouver un état de pureté. Cela vous aidera à voir chaque instant d'un regard neuf, en retirant les filtres qui inhibent votre lumière et empêchent l'amour de s'exprimer. Vous êtes réellement un enfant de Dieu, alors autorisez-vous à l'être complètement.

ÉQUINOXE D'AUTOMNE

Libération

Dans de nombreuses régions du monde, les arbres à feuilles caduques se préparent pour l'hiver et conservent leur énergie en contractant leur force vitale – pour cela, ils laissent tomber leurs feuilles, qui avaient besoin des rayons du soleil et de la nourriture du sol pour conserver leur croissance et une apparence robuste. Ce n'est pas une décision prise par les arbres (du moins, pas dans le sens habituel du terme) ; c'est une réaction naturelle, à l'entrée d'une période de moindre lumière, de laisser se décrocher l'une après l'autre les parties de la plante qui ne sont plus approvisionnées.

Il est remarquable de voir que ces arbres – et d'ailleurs, tous les enfants de la Terre Mère – savent intuitivement ce qu'il convient de faire aux changements de saisons. Bien que cette transformation automnale ressemble à une sorte de mort, ce n'est qu'une préparation pour le nouveau cycle de vie qui suivra naturellement la contraction extrême imposée par le froid hivernal, cette alternance vie-mort-renaissance dont nous voyons l'expression dans de nombreux domaines.

Le temps est venu de laisser tomber tout ce qui a perdu son utilité pour la nouvelle expression de qui vous êtes. Autorisez-vous à remiser petit à petit ce qui est devenu encombrant et ne correspond plus à votre but de vie. Conservez votre énergie en vous octroyant davantage de repos, tout en vous préparant pour l'hiver. Passez en revue tout particulièrement vos possessions matérielles et soyez honnête avec vous-même pour discerner celles dont vous pouvez vous débarrasser.

Considérez également les relations qui ont servi leur but et n'ont plus lieu d'être, les activités qui se sont vidées de leur intérêt et ne vous passionnent plus. Une telle libération laisse une sensation de légèreté, comme celle des arbres qui dressent fièrement leurs branches dénudées pour laisser la place au renouveau. La vie est prête à renaître après une période de repos et de gestation. Lâchez prise de tout ce qui a complété son objectif et sachez avec certitude que la place laissée vide sera bientôt comblée.

ÉQUINOXE DE PRINTEMPS

Renaissance

L'équinoxe de printemps ou vernal se situe le 20 ou 21 mars dans l'hémisphère Nord et le 20 ou 21 septembre dans l'hémisphère Sud. C'est le moment où le soleil croise le plan de l'équateur, faisant le jour et la nuit d'égale durée sur toute la planète. La Terre Mère est pleine et donne la vie de nouveau. Les graines peuvent se semer une nouvelle fois.

Cette carte met en scène une représentation d'Ostara, appelée aussi Éostre, la déesse germanique du printemps. *Ostara* est également le terme en Europe du Nord pour *Astarte*, qui signifie « utérus ». C'est également l'un des noms que prend Vénus, la déesse de l'amour, de la passion et de la créativité. La fête chrétienne de Pâques – *Easter* en anglais – en est un autre dérivé. Sur cette carte sont présents de nombreux symboles archétypaux représentant la renaissance du monde, comme les lapins, les œufs et les fleurs. C'est vraiment le temps du renouveau.

Vous pensiez que les épreuves que vous traversez ne cesseraient jamais. Or, si la clarté diminue pour quelques mois, elle revient toujours illuminer la Terre. Le premier souffle du printemps balaie les toiles d'araignée accumulées par l'absence de lumière. Celle-ci s'accroît ensuite visiblement pendant que la Nature émerge sous toutes ses formes et ses couleurs qui nous rappellent les cycles perpétuels de la Terre Mère.

La renaissance que vous expérimentez est une période très éprouvante. Toutes les larmes que vous avez versées ont dégagé la voie pour ce qui était en gestation et qui est maintenant prêt à émerger. Ce qui ne vous est plus utile doit être écarté afin que la fraîcheur et la nouveauté spirituelles se manifestent devant vous.

Même si la naissance est douloureuse, particulièrement lors du passage étroit avant la délivrance, le nouveau-né est toujours beau et immaculé. Accompagnez l'émergence de ce nouveau cycle dans la foi et la grâce.

FÉES

Magie de la Terre

Les fées sont des esprits de la Nature que l'on dit descendre d'anciennes tribus habitant les îles britanniques, tout particulièrement celle des Tuatha dé Danann, associée à la déesse Dana qui gouverna autrefois l'Irlande. Au fil du temps, ces anciens peuples furent conquis et déplacés. Ils s'enfuirent vers des lieux où les humains ne pouvaient s'aventurer, devenant à la longue de plus en plus petits et moins visibles pour mieux se cacher.

Les fées ont pris la responsabilité des plantes et des arbres (les Êtres Debout). Elles travaillent avec la magie de la Terre pour en prendre soin et si vous le demandez, elles peuvent vous aider à embellir votre jardin. Elles sont également magiciennes et ont le pouvoir de changer de forme.

Les fées apprécient quand nous prouvons que nous aimons la Terre autant qu'elles. En conséquence, elles nous accordent un peu de magie pour en prendre soin.

Vous avez le même pouvoir que les fées à votre disposition. Cela commence par l'amour de la Terre, à travers une appréciation et une gratitude ressenties du fond du cœur, et ce qui importe plus, à travers vos actions. Les fées peuvent vous aider à retrouver une connexion plus intime avec la Terre. Elles n'ont besoin pour cela que de votre volonté d'aimer les arbres et la vie végétale autour de vous, et d'en prendre soin.

Que vous viviez en appartement ou soyez propriétaire d'un grand jardin, ayez à cœur de porter une attention soutenue à la végétation qui vous entoure. Plantez quelque chose. Mettez les mains dans la boue avec amour et enthousiasme. Chaque fleur, chaque arbuste, chaque légume dont vous vous occupez est un être vivant, traitez-le comme votre meilleur ami. Demandez aux fées de vous aider à prendre soin de tous vos amis végétaux et vous serez récompensé au centuple.

FEU

Passion

Depuis la nuit des temps, l'homme est fasciné par le feu. Dès que les hommes préhistoriques furent capables de l'allumer, leur vie changea radicalement. Par sa capacité à générer chaleur et lumière, le feu rendit possible la cuisson des aliments, le chauffage sous les climats froids et l'éloignement des prédateurs la nuit. Bien entendu, le grand fourneau appelé soleil entretient l'étincelle de vie sur Terre, lui apportant non seulement la chaleur nécessaire émanant de son énorme boule de feu, mais lui fournissant également les rayons de sa lumière porteuse de vie.

Sur cette carte, l'homme pratique une ancienne danse du feu originaire de Samoa, autrefois jouée pour déclencher l'exaltation des guerriers avant la bataille. Le feu inspire aussi d'autres passions. Les expressions « tout feu tout flamme » ou « s'enflammer » signifient que nous possédons l'enthousiasme pour quelque chose. Ainsi, la passion est toujours associée au feu.

Quelles sont vos passions? Qu'est-ce qui vous fait vibrer? Qu'est-ce qui attise cette flamme intérieure, cette étincelle de créativité en vous? Quand vous n'avez aucune passion, réfléchissez à ce qui vous manque dans la vie. C'est certainement une absence de « feu intérieur, » de ce quelque chose qui fait battre le cœur plus rapidement et accélère la respiration. La passion ne vient pas de l'extérieur, même si certaines circonstances et certains événements peuvent la provoquer. C'est l'intensité d'un sentiment, qu'il soit ressenti avec douceur ou exprimé avec enthousiasme.

La passion peut être uniquement un sentiment puissant ou la sensation elle-même peut être si forte qu'elle vous pousse à agir. Elle est trop souvent associée à la sexualité, qui est sans nul doute une manière de la vivre, mais cela en limite le sens et diminue ses possibilités infinies. Ouvrez-vous à la vérité de ce qui vous passionne et trouvez un moyen de l'exprimer.

FLEUR DE LOTUS

Ouverture

La fleur de lotus siège sur l'une de ses feuilles, ayant fait surface quand le soleil – tenu dans la main de Dieu – l'a invitée à la lumière. Cette plante originale s'enracine dans la vase au fond des eaux croupies, la tige s'étirant jusqu'à la surface où les feuilles reposent tranquillement. La nuit, la fleur se ferme et se laisse immerger pour ne reparaître qu'au matin suivant, ouvrant graduellement ses pétales au bout d'une tige d'un mètre ou plus au-dessus de l'eau.

Cette plante étonnante nous apprend que notre voie spirituelle s'ouvre et se développe dans la lumière, puis par moments se replie sur elle-même pour une pause quand la lumière décroît. Cette phase est tout aussi nécessaire que la croissance, car elle permet à la plante d'intégrer la nourriture reçue dans la journée. C'est également important qu'elle soit enracinée, et c'est un autre miracle de la nature qu'une chose aussi intensément belle se nourrisse de boue et de déchets gisant au fond de l'eau.

Votre développement spirituel se déroule à tout instant, que vous en soyez conscient ou non. C'est inévitable dès lors que vous placez votre confiance dans les mains du Créateur. Comme le lotus, votre âme est toujours à la recherche de lumière pour réussir votre destinée karmique, mais même dans ce processus, il existe certaines périodes sombres et un besoin de repos. C'est un cycle naturel qui ne peut pas être forcé ni arrêté volontairement. Il possède son propre rythme, unique pour l'Être que vous êtes.

Vous n'avez pas besoin de faire des efforts ni d'être mené par une ambition spirituelle. Cela n'apporte rien d'essayer de forcer votre croissance, ni celle des autres, pour les mêmes raisons. Le laisser-faire est la clé. Autorisez la partie de vous qui veut suivre naturellement la lumière à le faire, en reconnaissant que même dans une foi totale, vous rencontrez des épreuves et ressentez parfois de la souffrance. La foi et l'amour seront vos guides de retour vers la lumière.

FORÊT

Souffle

En traversant le pré vers l'orée de la forêt, les sensations corporelles varient légèrement, de manière imperceptible au début puis de plus en plus indéniablement. Il est pratiquement impossible de ne pas prendre de grandes bouffées d'air. En forêt, la richesse de l'oxygène offert gracieusement par les arbres (les Êtres Debout) vient en échange du dioxyde de carbone que nous rejetons à chacune de nos expirations. Les animaux de la forêt participent aussi à ce va-et-vient vital qui est l'une des collaborations les plus remarquables et miraculeuses entre le règne végétal et le règne animal, permettant à chacun de vivre et de se développer.

Le rapport de cet échange oxygène / dioxyde de carbone, remarquablement stable depuis des millénaires, s'est dramatiquement détérioré ces dernières années, puisque le taux de dioxyde de carbone a considérablement augmenté. Il reste cependant de nombreux endroits du monde où l'on peut encore apprécier les effets rafraîchissants et dynamisants d'un après-midi en forêt, à jouir de la vue, des sons et des odeurs.

Grâce à nos prières et nos actions, nous pouvons exprimer notre gratitude aux arbres pour les nombreux cadeaux qu'ils nous offrent, dont le plus important est l'air que nous respirons. Les choses sont différentes après une promenade en forêt.

Votre respiration est trop superficielle. Bien que cela vous semble naturel, c'est une mauvaise habitude qui cause cette diminution d'amplitude. Quand vous raccourcissez inconsciemment votre respiration, que ce soit par automatisme ou à cause d'un événement ou de circonstances particulières, certains signaux physiologiques s'activent, vous préparant pour « l'attaque ou la fuite ». Face au danger, la réaction instinctive est de retenir son souffle. C'est un instinct de survie, bien que cela ne soit pas bénéfique.

Alors... respirez ! Inspirez profondément, sans penser à vos soucis, vos tracas, vos problèmes ; et expirez. Ensuite, permettez-vous de respirer plus profondément et plus lentement à chaque fois. Souvenez-vous que chaque inspiration est un cadeau et que chaque souffle est aussi un cadeau. La forêt vous rappelle clairement comment cela fonctionne.

GAÏA

Sollicitude

Terre Mère, Déesse Mère, Grande Déesse... Gaïa. Dans le panthéon grec, cet être magnifique est personnifié en déesse. Fille de Chaos, elle fut la mère et la femme d'Ouranos (le Ciel). Chaque jour, nous marchons sur son corps, et la matière dont le nôtre est constitué vient de sa propre substance. C'est de Gaïa que nous recevons tout ce qu'il nous faut pour survivre et elle nous l'offre en abondance, nourrissant nos corps, nos esprits et nos âmes.

Elle comble nos corps par l'offrande des fruits de ses arbres, des légumes de son sol et de l'air qui l'entoure. Elle nourrit nos esprits de sa beauté impressionnante et, ainsi que le montre cette carte, par les couleurs et la diversité étonnantes du monde qu'elle crée et recrée en permanence. Elle caresse nos âmes de ses bienfaits quotidiens et nous pousse à devenir de meilleurs humains par ses réactions à nos attentions et à nos intentions.

L'acte de recevoir peut être sacré si vous avez l'intention d'honorer l'Esprit. Il est aussi saint que celui de donner quand il est effectué avec un cœur humble et ouvert. C'est encore plus vrai lorsque l'on reçoit des attentions bien méritées, aussi laissez les autres vous en offrir. C'est parfois assez difficile de les accepter à cause d'un conditionnement instauré depuis l'enfance, mais cette habitude peut se surmonter. Vos blessures peuvent guérir et l'une des manières d'y parvenir est de vous dorloter et de laisser les autres vous montrer leur sollicitude.

Réfléchissez aux actions que vous entreprenez pour vous faire du bien. Qu'est-ce qui vous vient à l'esprit quand vous pensez réellement faire quelque chose de bénéfique pour vous ? Laissez de côté vos habitudes et croyances ritualisées qui restreignent l'acte simple de vous nourrir le corps, l'âme et l'esprit. Allongez-vous par terre et demandez à Gaïa de vous bercer sur son sein, tandis que vous respirez son air et vous relaxez dans la douceur de son amour.

GROTTE

Sanctuaire

Le soleil se couche et un croissant de lune apparaît au loin pendant que cet homme préhistorique crée son œuvre, peignant les murs de la grotte avec des couleurs tirées de substances naturelles. Le feu le réchauffe, la grotte le protège et lui offre un refuge retiré du reste du monde. La structure utérine lui sert non seulement de sanctuaire, mais également de temple abritant son esprit créateur qui donne finalement « naissance » à son œuvre dans le monde physique.

Voyez comme il semble absorbé dans son travail. Il a certainement préparé cette cérémonie créative en allumant son feu, en mélangeant ses couleurs et en rassemblant ses objets saints. Il peint l'image d'une spirale sacrée, l'un des symboles les plus anciens jamais découverts. On la retrouve dans les œuvres d'un grand nombre de cultures et elle apparaît dans la nature sous des proportions mathématiques parfaites (par exemple sur le coquillage du nautile). On la voit aussi dans les sites funéraires du monde entier car elle représente la spirale sans fin de vie-mort-renaissance, grand mystère complexe que ce simple schéma circulaire dépeint avec élégance.

Il existe en vous un lieu calme et serein, un sanctuaire toujours disponible. Cependant, trouver un tel endroit dans la Nature augmenterait et compléterait votre paix intérieure. Que ce soit une grotte, un pré, une forêt, une plage ou autre, c'est là où vous voyez, entendez et ressentez la présence du Créateur à vos côtés. Faites-en un temple pour votre âme et votre cœur.

Au lieu de la télévision, de l'ordinateur ou de quelque autre objet ou loisir créé par l'homme, permettez-vous de découvrir cet endroit idéal de la Nature où vous pourrez simplement être et respirer. Cela crée un pont entre l'intérieur et l'extérieur et facilite la communion spirituelle qui permet à votre être de s'aligner avec Tout Ce Qui Est, dans une rêverie d'un calme grandiose. Dans le monde agité d'aujourd'hui, il devient essentiel de garder du temps pour son sanctuaire, même s'il faut le programmer!

HOMME VERT

Synergie

L'Homme Vert est la personnification de la végétation. Bien qu'il connaisse de nombreuses variantes, celle de cette carte est une représentation subtile et incorporée au paysage. Dans d'autres portraits, il ressemble à un visage d'homme couvert d'un feuillage vert, des branches et des sarments s'en éloignant dans toutes les directions. Il existe une culture de l'Homme Vert au long de l'histoire dans de nombreux endroits du monde. Souvent symbole de la renaissance de la vie au printemps, on l'a parfois associé au Seigneur des Bois.

En tant que représentant du royaume des plantes, l'Homme Vert nous rappelle l'incroyable synergie exigée de Gaïa pour maintenir l'équilibre délicat entre la planète et les nombreuses espèces qui y vivent. La *synergie* est l'interaction et la coopération de deux éléments ou plus qui produisent un effet supérieur à la somme de leurs efforts individuels. Nous pouvons le remarquer dans l'échange coopératif complexe entre les plantes, les animaux et les humains. Par exemple, les arbres fruitiers se reproduisent lorsque leurs fruits sont mangés par des animaux qui restituent les noyaux à la terre après la digestion. Quand une nouvelle plante pousse, les abeilles pollinisent ses fleurs et un nouveau cycle commence dans la synergie remarquable de la Nature.

Vous avez en ce moment l'avantage d'une incroyable synergie. Vous êtes guidé par un flux de vie où les choses semblent se mettre en place toutes seules le long de votre chemin. Vous êtes en coopération mutuelle avec l'Esprit, votre volonté alignée sur la Sienne, et votre mission correspond à un sentiment d'utilité. Lorsque cela se produit, une synergie s'installe, par laquelle votre force vitale s'équilibre en permanence avec les forces de la Nature.

Votre conscience spirituelle et votre personnalité propre ou ego sont également en synergie. Remarquez les diverses idiosyncrasies de votre ego et n'en prenez aucune au sérieux. Sachez que votre Soi Supérieur veille toujours sur votre plus grand intérêt. C'est le moment de vous accorder à sa guidance quand elle se manifeste, et vous constaterez que vous avancez plus facilement dans la vie, grâce à l'équilibre des forces qui s'expriment à travers vous.

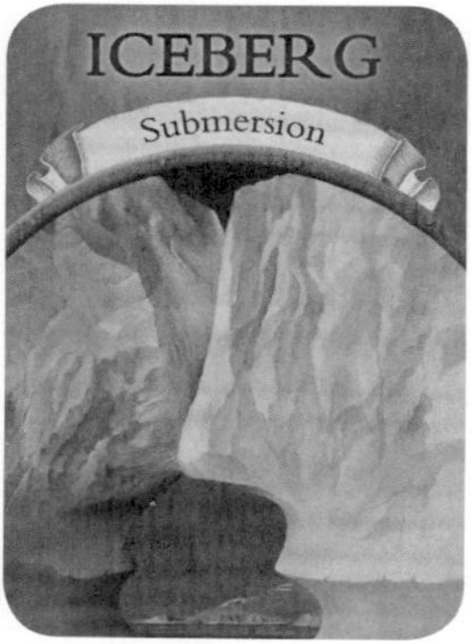

ICEBERG

Submersion

Les neuf dixièmes d'un iceberg se trouvent sous la surface, profondément engloutis au sein de Grand-Mère Océan. Mais celle-ci laisse une liberté considérable à ses énormes enfants, leur permettant de naviguer au gré des courants ou suivant leur propre élan. Séparés d'un glacier ou d'une falaise, ils flottent sur la mer, au détriment des navires qui croisent leur route.

Nous connaissons tous des histoires de bateaux malchanceux qui firent une rencontre tragique avec l'une de ces montagnes de glace. Bien que la partie supérieure de l'iceberg se repère facilement, une part considérable de sa masse est difficile à détecter sous l'eau. C'est cette fraction invisible qui peut nous tromper et causer les plus grands dégâts.

Ce que vous tentez d'occulter ou de renier en cherchant à le faire disparaître fera surface ailleurs d'une autre manière. Ce sont vos aspects sombres. Un jour, vous les avez rejetés de votre conscience pour une bonne raison, et pourtant ils sont restés enfermés dans un carcan de culpabilité et de honte. Les aspects submergés de vous-même sont parfois projetés par les autres qui vous renvoient ces parties reniées et occultées de votre personnalité, et vous jugez sans doute très durement ces caractéristiques lorsqu'elles vous sont exposées.

Il est temps aujourd'hui de laisser monter ces éléments à la surface et de les embrasser. Ils peuvent représenter une sorte d'expression de soi, un rêve secret que vous souhaitez accomplir ou encore des facettes de vous-même que vous avez du mal à reconnaître et à accepter. Quoi que vous ayez caché au plus profond de vous, vous avez l'opportunité d'y prêter attention et de l'accueillir au sein de la famille appelée « vous ».

ILE

Solitude

L'arbre solitaire sur son île entourée d'eau miroitante évoque des sentiments différents selon la perception et les croyances de chacun. L'arbre, tout en fleurs, se tient droit dans une relative obscurité, illuminé par un rayon de lumière émergeant d'un ciel sombre. C'est une façon élégante de rappeler que dans certaines circonstances apparemment arides, la beauté et la croissance sont toujours là.

Bien qu'une île comme celle-ci puisse être une métaphore de la solitude et de la tristesse, l'arbre prospère apporte la preuve que même dans un environnement stérile, la vie se développe. Ses racines apparentes serpentent le long des rochers, cherchant la nourriture sur le sol humide. Le sentiment de paix et de solitude émanant de cette image est une nourriture pour l'âme.

Vous avez besoin d'un moment de solitude, de préférence dans le silence. Passez la matinée, l'après-midi ou même la journée entière tout seul, sans emploi du temps ni prévisions. Le bombardement de vos sens par le bruit et l'activité de la société vous gardent en alerte beaucoup plus que nécessaire. La vibration de peur et de souffrance issue de millions de personnes dans le monde empiète sur votre vie et vous affecte fortement si vous ne respectez pas votre besoin de recul de temps en temps.

Quand vous franchissez vos propres barrières pour apprécier la paix de la solitude, il est bon pour vous d'observer simplement les pensées et les émotions qui vous traversent, particulièrement celles qui raccourcissent votre souffle et accélèrent vos battements cardiaques. Souvenez-vous que la solitude ne vient pas d'un véritable choix, mais d'une peur. Cependant, quand vous décidez de passer du temps en tête à tête avec vous-même, vous choisissez de vous retrouver et de vous connecter à qui vous êtes vraiment.

LAC

Tranquillité

Les sobres pastels de la lumière matinale annoncent la fin de la nuit et le lever du soleil. Le lac lui-même n'est pas encore éveillé et repose, lisse et tranquille. Il accueille le jour qui vient, prêt à réagir avec grâce et fluidité aux courants et mouvements divers susceptibles d'apparaître dans son ventre ou sur sa peau. La végétation environnante bénéficie de l'abondance d'humidité sur les rives, et le bateau inoccupé attend son prochain passager. Tout ici est au repos.

C'est dans le calme intérieur profond que nous trouvons notre Être et comprenons que nous sommes intimement liés à toute la Création. Pour atteindre cet état d'esprit, il faut ralentir de temps en temps et s'éloigner des environnements qui dérangent et agressent notre paix intérieure. Quand nous faisons cet effort, une profonde tranquillité s'offre à nous à tout moment, où que nous soyons. Il nous est possible de connaître cette sensation par la respiration consciente et régulière ou simplement en gardant l'immobilité quelques instants.

Le rythme de la vie a considérablement accéléré de nos jours et cette cadence rapide semble sans fin. Immergés dans le tourbillon technologique, nous ne voyons pas d'issue à cette situation. Nous n'avons pourtant nul besoin de rester prisonniers du syndrome de la vitesse ni de nous sentir piégés par la conscience des pressions collectives que subissent aujourd'hui de nombreux humains.

Même si le bruit fait partie de votre environnement ou de votre pensée incessante, il devient vital pour vous de rechercher le silence. Trouvez-le près de vous, que ce soit dans un coin réservé de votre maison ou dans la Nature, c'est-à-dire loin du vacarme humain. Il est d'une importance capitale de le trouver en vous, et le choix d'un lieu calme dans la Nature rend les choses plus aisées. D'une part, cela relaxe votre esprit, et d'autre part, cela élève votre conscience et affine vos sens.

LIBELLULE

Émergence

Dans le cycle de vie d'une libellule, une fois que l'œuf est déposé sur une plante ou immergé, il éclôt après une période de gestation et peut rester jusqu'à quatre ans sous forme de larve appelée *nymphe*. Celle-ci est la forme précédant l'adulte, puisqu'elle ne passe pas par le stade de cocon. À un moment donné, la nymphe grimpe sur une pierre ou sur une feuille et de son corps émerge une libellule dont les caractéristiques sont celles de l'insecte déjà formé. Cet être éclatant peut alors commencer sa danse gracieuse à la surface de l'eau, nous ravissant les yeux et le cœur de ses couleurs chatoyantes.

Sur cette carte, on voit une déesse de la Nature émergeant elle-même de l'eau, les cheveux tressés de sarments parés de fleurs. Elle est entourée de libellules, en accord parfait avec la végétation vivace qui pousse dans la mare. La déesse émerge de sa gestation dans une eau parée d'une sensation nouvelle de pouvoir et de détermination.

Vous êtes dans le processus intense de l'émergence à un nouveau cycle de vie. Contrairement aux autres ouvertures de conscience que vous avez connues, celle-ci s'est révélée plutôt inattendue et le changement est assez rapide, sans vous laisser le temps de la contemplation ni de l'indécision. Vous pensez peut-être ne pas être prêt pour de tels changements dans votre vie, et pourtant vous l'êtes et vous pouvez utiliser les expériences et la sagesse que vous avez accumulées jusqu'à aujourd'hui.

La vie exige que vous avanciez au stade suivant de votre maturité. Cela vous demande d'ajuster vos croyances sur vous-même, sur les autres et sur la société. Vous êtes appelé à remiser une nouvelle couche de vos défenses dues à l'ego et à lâcher prise de l'illusion de vous croire moins important que vous ne l'êtes.

Cette période d'émergence est une occasion d'élargir votre conscience et d'améliorer vos capacités perceptives. Comme le changement est inévitable, il est préférable de vous laisser porter par le courant et de vous autoriser à entrer avec grâce dans ce nouveau cycle de vie.

LOUP

Instinct

Quelques-unes des plus importantes caractéristiques de notre frère Loup et de notre sœur Louve sont la loyauté, la camaraderie, l'espièglerie et l'affection. Ce sont des parents exceptionnels qui prennent grand soin de leurs petits. On rencontre des similitudes entre leur comportement et celui du chien, surtout chez certaines races, cependant ces lointains cousins apprivoisés ont transféré depuis longtemps leur loyauté et toutes leurs qualités dans leur relation avec les humains.

Les loups sont toujours des animaux sauvages carnivores qui survivent en cherchant la nourriture disponible pour satisfaire leurs besoins alimentaires. Ils sont guidés par leurs instincts et suivent en cela le comportement naturel de base commun à tous les êtres vivants. Au fil des siècles, l'empiétement de la civilisation sur leurs territoires et la pénurie épisodique de gibier ont poussé ces êtres à chasser où ils pouvaient, s'attaquant parfois aux troupeaux de bœufs ou de moutons. Cela a provoqué un désir de revanche de la part des fermiers qui ont commencé à les chasser et à les décimer, perpétuant le conflit entre le monde prétendument civilisé et celui de la nature sauvage et instinctive.

Vous avez perdu le contact avec votre sensibilité instinctive. C'est le résultat des interdictions culturelles et religieuses ayant décidé que la nature et les instincts étaient dangereux et qu'ils devaient par conséquent être contrôlés ou éliminés. Il est temps aujourd'hui de dépasser cet état d'esprit limité et de vous accorder à votre nature. Laissez l'Esprit du Loup vous guider et demandez l'aide de cet être bienveillant pour identifier les signaux lancés par vos intuitions.

Mettez de côté quelques-unes de vos inhibitions en ne conservant qu'une ligne de conduite : « ne faire de mal à personne ». Faites l'expérience de sortir du carcan des normes familiales et sociales pour écouter vos sensations intuitives qui essaient de vous transmettre un message. Cela peut être une alerte ou une incitation à agir d'une manière ou d'une autre. Prenez quelques inspirations profondes et remarquez ce que dit votre corps. Votre cerveau sera le récepteur de l'information et apprendra à travailler en synergie avec lui.

MONTAGNE

Robustesse

Le caractère massif de la montagne illustrée sur cette carte, arborant sur sa couverture neigeuse les nuances spectaculaires des reflets du soleil, évoque l'idée d'une force immuable et d'une stature impénétrable. Son immensité stable et déterminée nous laisse admiratifs et nous incite à grimper vers les sommets. Cependant, cela peut représenter une série d'épreuves.

La base robuste évolue progressivement vers une crête plus étroite qui cherche à atteindre le ciel. De nombreux amateurs sont attirés par les pics, qu'ils voient comme quelque chose à conquérir, bien qu'ils ne puissent jamais l'être vraiment. Quand la montagne se sent menacée d'une manière ou d'une autre et qu'elle s'ébroue, les démonstrations de sa force peuvent provoquer le chaos pour tous les êtres vivants se trouvant sur sa peau.

Il est insensé d'ignorer la force que vous possédez, au prix de vous montrer sensible et sujet aux influences extérieures au-delà de ce que votre santé peut supporter. Imaginez-vous comme un mont rocheux solidement ancré en terre, votre tête bien droite prête à toucher le ciel. Faites cet exercice sans forcer, comme la montagne qui ne fait aucun effort.

La situation présente vous demande de la vigilance, mais pas au point de tomber dans la peur ou la paranoïa. Soyez le roc que vous êtes capable de devenir. La solidité de votre détermination sera clairement visible quand vous prendrez modèle sur l'imposante immensité de la montagne, énigmatique et impénétrable. Cette fois, il vous est demandé de rester stable comme un roc.

MUSIQUE

Harmonie

Ah, la musique! Que serait la vie sans elle? Ce n'est pas une chose que les humains ont inventée. La musique existe depuis la nuit des temps. Des arrangements sonores subtils et spectaculaires ont résonné depuis aussi longtemps que des êtres ont pu les entendre. Il était vital pour nos ancêtres d'écouter attentivement les sons, les rythmes et les vibrations de leur environnement. Bien sûr, il est également envoûtant pour l'humanité de créer des musiques en utilisant la voix et quelques instruments.

Nous avons évolué et nos instruments aussi, dont certains imitent la musique de la Nature. Lorsque plusieurs d'entre eux jouent ensemble ou quand plusieurs personnes chantent, les harmonies qui en résultent se mêlent en un son unifié très plaisant à l'oreille. Si les notes ne sont pas en accord, cela crée une dissonance assez perturbante.

Cette carte montre deux femmes qui créent un duo harmonieux avec des instruments à cordes. Elles sont tellement absorbées par leur jeu qu'elles semblent en transe, comme si elles se contentaient de laisser la musique s'écouler à travers elles.

C'est une période de grande harmonie pour vous, pendant laquelle les différents éléments de votre vie s'accordent et s'écoulent ensemble facilement. Comme dans une œuvre musicale, c'est l'union de ces éléments qui se fond dans un cycle de symétrie et d'équilibre engendrant un sentiment d'harmonie. La difficulté vient du fait d'entretenir cet accord intérieur quand vous subissez une dissonance extérieure à votre esprit, votre cœur et votre corps.

Prenez note des sensations, des émotions et des pensées qui vous viennent quand tout tourne bien. Prenez trois inspirations profondes et laissez votre souffle devenir le repère vous rappelant cet état de conscience. Lorsque vous percevez le chaos autour de vous, comprenez que c'est un miroir de votre propre tourment intérieur. En le reconnaissant, inspirez trois fois ou plus pour ramener votre mémoire sur ces moments où votre vie jouait une véritable symphonie. À chacune de vos expirations, offrez au monde l'énergie de cet état harmonieux, et vous en constaterez les effets étonnants.

NOUVELLE LUNE

Promesse

Observant l'éclat de la nouvelle lune qui leur sourit, le couple s'embrasse dans la promesse d'un amour nouveau. Le soleil qui décline drape les nuages et les eaux de ses teintes luminescentes, tandis que le croissant ouvre ses bras à la planète Vénus toute proche, dont le nom est celui de la déesse romaine de l'amour. C'est le temps des réalisations, des commencements, du renouveau, de la promesse que nos désirs porteront leurs fruits.

Grand-Mère Lune commence ici un nouveau cycle, passant de l'obscurité à la pleine lumière pour retourner dans l'ombre en un mois environ. Sa promesse d'avenir est gravée dans son premier rayon de lumière quand elle émerge derrière le rideau noir qui la recouvrait juste avant. C'est une promesse qu'elle tient depuis le début de son existence.

C'est le moment de lancer un projet, une nouvelle relation, de redémarrer quelque chose resté en attente. Avec votre intention et votre volonté de permettre à un cycle de se compléter, vos désirs vont se concrétiser. Les graines de votre projet sont prêtes à émerger de l'obscurité de votre subconscient à la lumière de votre conscience. La prochaine étape sera de mettre en route le processus nécessaire pour réaliser concrètement cette idée.

Une promesse a deux significations : c'est un engagement qui vous garantit (à vous ou à une autre personne) qu'un événement particulier va se produire, ou cela indique que quelque chose de spécial est en attente. Quand votre volonté s'aligne sur celle de l'Esprit et quand votre intention se fixe sur ce que vous voulez voir arriver, la réussite est certaine et la promesse tenue.

NUAGES

Transformation

Quand de minuscules gouttelettes d'eau ou cristaux de neige se rassemblent à plusieurs milliards, un nuage se forme. Chacune de ces petites gouttes diffuse et disperse la lumière, laissant voir le dessus blanc du nuage qui s'assombrit pour montrer des nuances de gris à la base. La nature des formations nuageuses affecte nos humeurs au même titre que la température au sol et dans l'air. Leurs formes, mouvements et couleurs nous informent sur le temps qu'il va faire et comblent notre appétit visuel lors des levers et des couchers de soleil.

La plupart d'entre nous a déjà eu l'occasion à un moment ou à un autre d'admirer les formes que prennent les nuages s'étirant lentement ou plus rapidement à travers le ciel, se transformant sans cesse et s'ajustant aux exigences de leur nature. Lorsque nous prenons le temps de les observer tout simplement, nous découvrons le Peuple des Nuages, images issues d'une élégante collaboration entre la Nature et notre imagination.

De manière subtile et spectaculaire à la fois, vous vous transformez par le choix de vos vêtements, de votre coiffure, de vos accessoires et même de vos mimiques (expressions du visage, gestes, démarche). En les ajustant à votre attitude intérieure, vous pouvez réellement représenter des personnages divers. Quand vous expérimentez ces expressions différentes de celle que vous exprimez habituellement, votre entourage réagit en fonction du degré de contraste entre le rôle que vous jouez et celui qu'il connaît bien. Faites comme les nuages, essayez des formes variées, repoussez vos limites, soyez mobile et adaptez-vous au besoin.

Relevez la tête, élargissez les épaules et tenez-vous bien droit pour que votre poitrine et votre cœur s'ouvrent au monde, puis notez vos impressions. Vous aurez peut-être un sentiment de vulnérabilité au début, mais maintenez la position. Puis laissez tomber les épaules en avant, rentrez un peu la poitrine et baissez la tête ; observez alors vos impressions.

Continuez de contracter votre aura (votre champ d'énergie) et de l'élargir de plus en plus, tout en restant dans les limites du confort. Ce jeu de transformation vous aide à prendre conscience de l'expression que vous choisissez d'extérioriser. Mais rappelez-vous constamment que vous êtes au centre de votre être.

OCÉAN

Flux et reflux

Le va-et-vient de la vie n'est jamais mieux représenté que dans les mouvements des océans. Les marées de ces grands corps fluides montent et descendent à intervalles réguliers et les vagues continuent de se dérouler sur les plages selon des schémas variés et infinis, comme elles le font depuis des éons et continueront des millions d'années.

Les vagues et les marées conservent une relative prévisibilité, à moins que d'autres forces de la Nature, plus soudaines, n'interviennent. Les ouragans et les tremblements de terre, par exemple, ont un effet remarquable sur les caractéristiques des marées et des vagues.

L'océan couvre soixante-dix pour cent de la Terre, quand le corps humain avoisine les soixante-dix pour cent d'eau. L'interaction gravitationnelle entre le soleil et la lune, qui active ces énormes masses d'eau pour créer le phénomène des marées, affecte également nos corps physiques qui montrent une réaction instinctive, car elle a beaucoup plus d'influence sur notre humeur et nos émotions que nous ne le pensons.

Il existe un aspect important de l'art de vivre, qui est de suivre les hauts et les bas de vos émotions, adoptant leur fluidité sans vous laisser submerger. Il n'est pas nécessaire d'être obsédé par une fluctuation particulière de votre humeur ou de vos sentiments. Ce ne sont que des émotions, souvent déclenchées de manière totalement extérieure à votre compréhension. Quand vous n'exagérez ni ne minimisez leur intensité et leur importance, vous obtenez un meilleur sens de la manière et du moment où les exprimer.

Vous êtes habitué à combattre le flux et le reflux de vos sentiments – niant votre douleur, votre colère ou votre peine – en vous attachant à l'un ou l'autre et en le nourrissant comme un enfant, ou en les lissant de réactions pratiques qui les renient et les cachent sous la surface de votre expression. Quand vous essayez de vous retenir de vivre vos émotions, c'est comme si vous vouliez empêcher les marées de monter d'autant plus haut que les humains essaient de les contrôler. Autorisez-vous à nager au gré des vagues au lieu de leur résister.

PEUPLE DE PIERRE

Vigilance

Ces pierres dressées se tiennent en vigiles sur le rivage d'un océan dont les eaux se sont retirées, laissant quelques flaques dans lesquelles elles se reflètent. Le ciel, toile de fond souple et mouvante au-dessus de ces êtres solides et immobiles, évoque le calme et la paix. Le Peuple de Pierre déborde de pouvoir, taillé et déplacé uniquement par les autres éléments naturels que sont la mer, le vent et la Terre elle-même quand elle secoue son ventre.

Avec la pratique, nous pouvons non seulement imiter ces pierres, mais également reconnaître leur ancienneté et leur force pratiquement indiscutable. Elles restent debout, arborant les sillons gravés par les autres éléments terrestres ayant laissé leurs marques sur ces forteresses immobiles en apparence. Longtemps après que nous aurons quitté la Terre pour le monde de l'Esprit, ces êtres sans âge seront toujours témoins de tout ce qui se passera autour d'eux.

Soyez vigilant cette fois, mais pas dans la peur. Il s'agit seulement d'ouvrir votre esprit et vos sens à l'information telle qu'elle se présente à vous : par vos yeux, vos oreilles, vos sensations physiques et le détachement de vos pensées.

Deux domaines sont concernés en priorité : d'abord, suivez toute intuition qui vous conseille la prudence envers quelqu'un ou quelque chose ; ensuite, veillez à repérer une occasion importante qui se présente, capable d'améliorer votre vie et celle des autres.

Maintenez votre vigilance pour sentir les signes autour de vous et en vous. Évaluez ce qui émane de votre corps, puis triez les réactions conditionnées par l'intellect. Examinez la situation dans l'harmonie du cœur, de l'intuition et du mental ; c'est à cela que sert la vigilance. Détachez-vous, respirez profondément et dressez-vous de toute votre stature.

PLEINE LUNE

Achèvement

Tous les vingt-neuf jours et demi, Grand-Mère Lune brille toute ronde dans le ciel, éclairant le paysage de sa lueur blafarde et jetant son voile délicat sur le ciel et les paysages terrestres. Après deux semaines à imposer lentement sa présence dans le noir, elle trône à présent là-haut comme une balise directionnelle. Elle a terminé la ronde de son voyage mensuel éternel et se prépare à entamer sa lente et régulière retraite dans l'ombre.

Cette carte montre la majesté de la lune à son point culminant, flamboyante de lumière et laissant apparaître la silhouette d'un arbre. Son globe fantastique nous rappelle que tous les cycles connaissent un temps d'achèvement et d'accomplissement, inévitablement suivi d'un déclin, jusqu'au début d'un nouveau cycle.

Vous serez heureux d'apprendre que ce pour quoi vous travaillez a atteint son apogée. C'était peut-être un cycle court ou relativement long, mais quelle qu'en soit la durée, vous êtes arrivé à un état d'achèvement.

Ressentez la satisfaction de cet accomplissement, comme lorsque vous inspirez à fond jusqu'au moment où vos poumons sont agréablement pleins et ne demandent qu'à relâcher leur souffle.

Il est important de ne pas se contenter d'apprécier la réussite, mais également de se laisser aller et de s'autoriser la détente qui doit suivre, par exemple en expirant lentement et en conscience. Les gens sont trop pressés de se ruer sur la suite de leur programme sans garder le temps et l'espace nécessaires au respect du cycle naturel de relâchement qui suit un moment d'achèvement. Accordez-vous cette pause de détente et de repos avant d'attaquer votre tâche spirituelle suivante.

PLUIE

Purification

Que ce soit une petite averse ou un déluge, la pluie nettoie et purifie. L'humidité évaporée de différents points d'eau sur la planète s'élève dans l'atmosphère pour retomber sur Terre en tant que précipitation liquide, dans un programme exhaustif de recyclage de l'eau prévu par la Nature. Selon le lieu et le moment où elle tombe, elle est considérée comme un bienfait ou une catastrophe.

L'air lui-même sent le frais après une bonne averse. Celle-ci renouvelle aussi l'eau qui participe à nourrir les plantes, les animaux et les humains. Sous sa forme la plus intense, les trombes d'eau arrivent comme des avalanches, souvent accompagnées de grands vents, de crues entraînant des destructions considérables comme conséquence malheureuse d'un acte de rééquilibrage de la Nature. Ce qui est purgé laisse la place à l'apparition de nouvelles vies.

Vous avez le devoir de purifier votre âme, votre corps et votre esprit. Commencez par votre âme en identifiant une croyance primordiale que vous entretenez sur vous-même, qui vous empêche d'être pleinement engagé dans la vie à cent pour cent du temps. Purifiez votre cœur en vous permettant d'inspirer et d'expirer les bienfaits et le pardon afin de pouvoir aimer plus profondément.

Autorisez-vous à ressentir votre peine – sentez-la vraiment – pour que vos torrents de larmes soient des baptêmes qui guérissent les blessures de votre âme.

S'il le faut, désintoxiquez votre corps (temple et siège de votre âme) en changeant de régime, en prenant un dépuratif pendant quelques jours ou simplement en buvant davantage d'eau. L'augmentation de votre dose quotidienne d'eau, accompagnée d'une profonde appréciation pour son rôle, revitalisera votre esprit.

Ce n'est pas un hasard si certaines cultures indigènes appellent l'eau « sang de vie », car elle est essentielle à toute forme de vie sur Terre. Prenez le temps de vous purifier.

PRAIRIE

Vulnérabilité

Sur cette carte, la prairie nous attire par sa beauté et son accessibilité. Les fleurs se sont agencées d'elles-mêmes en un décor poétique orchestré par la Nature, et les champs d'herbe verte ondulant sous la brise nous invitent à un moment de détente. Cependant, chez certaines personnes, l'idée de parcourir un espace aussi ouvert est terrifiante, car dans une vaste étendue ainsi découverte, nous pouvons ressentir la peur d'être exposé et sans défense, hors des limites sécurisantes des espaces clos.

Pour d'autres au contraire, le fait de marcher dans l'herbe d'une prairie est une expérience extrêmement satisfaisante. Très à l'aise dans l'espace libre et la visibilité, nous pouvons apprécier la vue d'un horizon à trois cent soixante degrés. Peut-être nous sentons-nous vulnérables également, mais pour d'autres raisons. C'est un sentiment fondé sur la confiance plutôt que sur la peur ; c'est la capacité de croire en nos propres instincts pour nous avertir des menaces éventuelles auxquelles nous pourrions faire face. En nous connectant à ce savoir instinctif, nous pouvons nous relaxer et apprécier la beauté qui nous entoure.

Vous êtes maintenant en position de prendre des risques avec vos sentiments, et ce qui est plus important, d'en prendre avec la vérité de qui vous êtes, cette réalité que connaissent votre cœur et votre âme. Vous n'avez plus besoin d'être assujetti à la crainte que les autres apprennent qui vous êtes réellement.

Bien entendu, les autres peuvent juger, évaluer, critiquer et peut-être même vous attaquer. Ce sont des possibilités qui existent. Mais en gardant confiance en votre capacité à gérer ces réactions – au lieu de vous y adapter et de chercher la sécurité –, vous pouvez vaillamment vous permettre d'être vulnérable. Se retenir constamment d'exprimer son ressenti peut créer une illusion de sécurité, mais armé de confiance et de foi, vous pouvez choisir la sensibilité et partager votre être authentique avec votre entourage.

RÊVERIE

Création

Chez les Aborigènes d'Australie, la *Rêverie* est un espace avant et hors du temps, où les esprits des ancêtres vinrent sur Terre pour donner forme à toute la vie. Une fois leur travail achevé, ils restèrent habiter les êtres qu'ils avaient créés, comme les animaux, les collines, les étoiles et tous les objets de la Nature, et ils y vivent toujours.

La rêverie est un modèle spirituel individuel ou collectif, qui comprend des histoires et des chants transmis depuis au moins soixante mille ans – bien que les Aborigènes prétendent que cela existe depuis la nuit des temps. Dans l'une de leurs traditions, une légende de la création parle du didgeridoo, instrument fait essentiellement d'un tronc évidé qui émet un son bourdonnant.

Cette carte montre l'Homme Esprit en train d'en jouer en chantant l'apparition du monde. Remarquez les nombreux êtres, les couleurs et les structures terrestres qui se créent, portant tous l'esprit qui leur est insufflé.

Fermez les yeux, mettez-vous au diapason de votre respiration et permettez-vous de sombrer profondément dans le cœur de la création vivante que vous êtes. Quand votre souffle sera régulier et légèrement plus ample que d'habitude, observez votre envie de vous lancer dans quelque action créative. Notez les images, les sons et les sentiments qui retiennent votre attention ; c'est la clé pour trouver la manière d'exprimer cette magnifique pulsation.

Votre souffle est au croisement des royaumes de l'Esprit et de la réalité physique. Le fait de respirer tranquillement et avec régularité vous aligne avec le Grand Tout, qui vous éclaire alors avec précision sur l'expression créative qui peut naître de vous. Abandonnez vos schémas de pensée habituels prêts à empêcher la réalisation de ce qu'on vous encourage à démarrer. Autorisez-vous à prendre des risques avec votre expression personnelle et toute la Création vous sourira.

RIVIÈRE

Mouvement

La lumière pâle du soleil tombe sur les méandres de cette rivière dont le miroitement reflète le doux mouvement qui l'anime. Elle coule avec aisance entre les pierres et les obstacles, parfois lentement comme sur cette illustration, parfois d'un pas plus intense et rapide. Pourtant, son déplacement la mène toujours finalement au sein de l'immense Grand-Mère Océan.

Une partie de ses eaux va s'évaporer pour approvisionner les nuages – comme il en est pour tous les points d'eau – et nourrir la terre et les mers suivant un cycle parfaitement naturel qui aide la planète à s'auto-alimenter. L'eau est le sang de la vie, elle est plus importante que la nourriture solide. Le flux de l'eau dans notre corps sert de métaphore pour expliquer comment la Vie elle-même circule en nous et s'exprime à travers nous.

Le fait de combattre ou de bloquer votre flot de force vitale peut vous mener à ressentir un vide spirituel et un éloignement de la Source. Comme pour une rivière, il n'est pas bon d'entraver ce mouvement irrésistible. Quand vous prêtez attention à ce flux et l'observez, il devient plus facile de naviguer sur la barque de vos expériences et de voir ce qui vous attend, ou du moins d'avoir une idée de ce qui vient à vous grâce à la géographie mouvante qui se déroule au fil de votre voyage.

Votre résistance entrave votre capacité à faire des choix. Laissez aller le mouvement de la vie, soyez reconnaissant et vous verrez les signes le long du rivage et sur la rivière elle-même vous donner des indices sur la direction que votre Être (sans ego) doit emprunter. « Suivre le courant » est plus qu'un simple aphorisme dans ce cas. Il est maintenant essentiel d'en tenir compte. Respirez, détendez-vous et vous trouverez la solution.

SOLSTICE D'ÉTÉ

Éclat

Le terme *solstice* vient du mot latin *solstitium*, qui signifie « soleil (sol) stationnaire (stiti-) ». Deux fois au cours de l'année, le soleil se lève et se couche plusieurs jours au même point de l'horizon. Il semble prendre un repos bien mérité avant de continuer son parcours dans le ciel jusqu'au solstice suivant, pour un voyage incessant et prévisible qui existe depuis la nuit des temps. De nombreuses cultures comportent des légendes personnifiant le soleil comme une déité, tantôt mâle tantôt femelle, qui traverse le ciel dans un bateau ou sur un char.

Le solstice d'été voit la culmination des déplacements solaires qui ont mené aux jours les plus longs de l'année. La lumière à son maximum d'intensité nourrit la Terre et ses habitants. Les cérémonies et les fêtes se multiplient. Le jeu et la passion sont à l'ordre du jour. Nous ressentons une envie irrésistible de sortir dans la nature et de profiter des bienfaits des longues journées. Nous cherchons instinctivement la lumière qui, durant ce solstice, nous est offerte en abondance.

Laissez le rayonnement solaire inciter votre propre éclat intérieur à se manifester. Laissez de côté vos préoccupations sur l'avenir et contentez-vous d'apprécier ce que vous possédez de bon et de juste. Permettez au Père Soleil d'éliminer vos soucis et vos fardeaux. Soyez physiquement actif pour stimuler votre lumière intérieure. Dansez. Chantez. Et surtout sortez. Ne laissez aucune pensée ni habitude négative vous arrêter.

Quand vous aimez la Vie, vous rayonnez naturellement cet amour. À cette période du cycle solaire, votre capacité à aimer est grandement amplifiée. Suivant l'une des ironies suprêmes de la Vie, plus vous donnez d'amour, plus vous en recevez. Cela commence par accepter de laisser l'Être radieux que vous êtes réellement s'exprimer dans le monde extérieur. Souriez un peu plus souvent. Remarquez la beauté de la Nature. Voyez l'humour caché derrière les paradoxes de la Vie. Montrez votre amour, surtout à ceux dont vous êtes le plus proche. Puis souriez encore davantage et regardez comme le monde autour de vous s'illumine !

SOLSTICE D'HIVER

Réflexion

Le début de l'hiver n'est pas seulement le jour le plus court de l'année, mais aussi la nuit la plus longue. Le monde est très calme et la terre endormie. De nombreux « festivals de lumière » sont organisés ; depuis des millénaires, ils rappellent que la lumière reviendra un jour. Dans de nombreuses cultures, des mythes décrivent ce moment comme la naissance d'un roi Soleil archétypal – y compris l'histoire chrétienne de la naissance de Jésus – qui symbolise l'espoir du renouveau après la période la plus sombre du cycle solaire.

Cette image offre une représentation simple et néanmoins puissante du solstice d'hiver. Elle montre le reflet des bois enneigés sur les eaux du lac immobiles et gelées. La teinte bleue drape la scène d'une sensation de calme et de réconfort, nous invitant à marcher très doucement pour ne pas perturber cette grâce fragile et pourtant intense. Le reflet des arbres sur le lac gelé nous rappelle qu'il est un temps où il faut rentrer – à la fois dans notre abri physique et dans notre monde intérieur – afin de contempler la saison passée, la saison en cours et celles à venir.

Revoyez l'année écoulée et demandez-vous quelles leçons importantes vous avez apprises, ce que vous avez accompli, quels rêves et visions vous souhaitez concrétiser dans l'année qui vient. Que votre voyage ait été calme ou que vous ayez subi une série d'événements éprouvants, reconnaissez votre expérience comme étant l'œuvre de la Source, sans égard pour vos jugements, vos peurs et vos joies. Honorez dans la gratitude et le pardon ce qui s'est passé les derniers mois, puis laissez tout cela disparaître. Accordez-vous un peu de solitude afin de passer un moment tranquille de réflexion en prenant tout votre temps.

Quand vous avez terminé, pensez à votre vie présente, en vous concentrant particulièrement sur ce qui mérite votre gratitude. Ensuite, considérez votre avenir – toutes les différentes possibilités et le potentiel à votre disposition. Laissez voguer votre imagination, sans limite ni ambition, et voyez ce qui vient à vous. Notez les sensations de votre corps pendant chaque scénario que vous imaginez. Ce sont vos visions de ce qui est en gestation et peut se manifester et croître si vous l'entretenez correctement. La patience et le calme sont nécessaires car ce cycle possède son propre rythme, comme tous les autres cycles sur Terre.

TSUNAMI

Appel à l'éveil

Phénomène naturel des plus effrayants et destructeurs (comme les volcans en éruption, les tremblements de terre, les ouragans et les tornades), le tsunami se forme quand un énorme volume d'eau se déplace soudainement à toute vitesse. Il est déclenché par un mouvement sous-marin, généralement un tremblement de terre ou une éruption volcanique, qui provoque une série de puissantes vagues capables de traverser un océan à la vitesse de cinq cent milles marins à l'heure. Curieusement, leur amplitude semble si faible en pleine mer qu'elles passent souvent inaperçues.

Lorsque ces vagues (qui forment collectivement un tsunami) s'approchent des côtes, leur hauteur s'accroît considérablement, pendant que leur vitesse ralentit jusqu'à cinquante milles à l'heure. La distance entre elles peut être immense, de l'ordre de vingt à trente minutes de l'une à l'autre. Si le rivage est d'abord atteint par un creux, l'eau se retire rapidement de manière spectaculaire, puis une énorme vague déferle quelques minutes plus tard. Ce retrait brutal des eaux est un signe évident de l'arrivée imminente d'un tsunami. Nous ne pouvons distancer la vague qui s'abat sur les côtes, mais nous pouvons tenter d'y échapper en nous réfugiant sur les hauteurs.

Vous venez de subir un appel à l'éveil, peut-être sous la forme d'une perte significative ou d'un événement dramatique de votre vie, l'un de ceux pour lesquels vous n'étiez pas préparé. Sans doute êtes-vous abasourdi, déconcerté par l'imprévu de ce qui vous arrive. Mais vous savez aussi qu'il est temps de retirer le voile du déni et des faux-fuyants pour affronter la réalité du message sous-jacent à cet événement. Vous vivez un véritable drame, aussi est-il inutile de l'amplifier plus que nécessaire.

Bien souvent, lorsque vous regardez en arrière après ce genre d'épreuve, vous retrouvez des signes qui la laissaient présager. Peut-être avez-vous ignoré certains indices ou des présages si subtils qu'ils pouvaient passer pour l'œuvre de votre imagination, alors qu'ils représentaient la voix de votre instinct. De nombreuses anecdotes prennent pour exemple les animaux, qui agissent par pur instinct et se basent sur des indices pour fuir vers les hauteurs avant qu'un tsunami n'atteigne le rivage. Pour négocier cet appel à l'éveil, écoutez attentivement vos instincts, tout en visant les sommets de la vérité spirituelle.

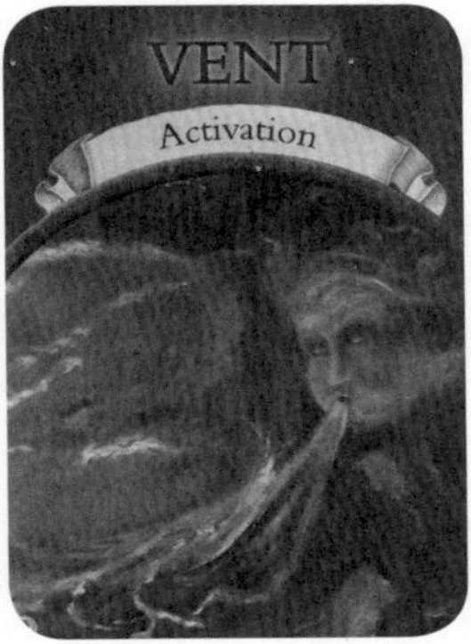

VENT

Activation

Les différents courants d'air qui circulent sur la planète peuvent être assez doux pour caresser les poils de nos bras ou si violents qu'ils détruisent les constructions humaines, ainsi que les arbres et toute végétation. Le vent déplace l'air et l'empêche de stagner. Sans mouvement, l'atmosphère semble plus pesante. Une douce brise rafraîchit la terre et pollinise les fleurs, tandis qu'une tempête casse les branches et remue en nous quelque chose de profond. La férocité des rafales les plus violentes peut temporairement générer le chaos.

Quel que soit son degré d'intensité, le vent nous pousse à l'action. Sur cette image, le souffle du dieu du vent agite la mer et réarrange le ciel. Le temps change sous son impulsion. Même dans une zone restreinte, il crée des vagues dans tous les sens, se mêlant et dansant avec la mer et le ciel. Son souffle dynamise l'atmosphère et le monde se sent plus actif.

La léthargie que vous ressentez est un manque d'action – de quelque chose qui remue vos sens. Cela peut être n'importe quelle activité, comme une promenade en sentant la brise sur votre peau et en aspirant les différents arômes offerts par la Nature. Vous pouvez aussi trouver du plaisir dans un bain chaud qui vous aide à relâcher les tensions et le stress de votre corps et de votre esprit. La musique peut dynamiser votre ouïe et exciter les zones de plaisir dans le cerveau. L'art peut activer vos réactions émotionnelles. Toucher quelqu'un peut faire renaître le besoin de tenir physiquement l'autre d'une certaine manière.

Voici venu le temps de l'action. Engagez-vous dans une activité et soyez-y totalement présent jusqu'à oublier ce qui vous entoure pour entrer dans cette expérience intemporelle et multidimensionnelle de l'union avec le foyer de votre attention créatrice. Le mouvement en lui-même – que ce soit danser en solitaire ou escalader une colline – nécessite d'être présent à votre corps le plus intensément possible. Amusez-vous bien !

VOIE LACTÉE

Perspective

La Voie Lactée est l'une des galaxies parmi des milliards dans l'univers observable. Elle contient entre deux et quatre cent milliards d'étoiles, dont la plus familière pour l'humanité est le soleil. L'étoile la plus ancienne de notre galaxie est âgée de 13,2 milliards d'années – on la dit presque aussi vieille que l'univers lui-même – alors que la Terre n'a que 4,5 milliards d'années. Les distances se mesurent en années-lumière, et le diamètre de la Voie Lactée semble en faire environ cent mille. L'incommensurable immensité nous sidère et défie l'imagination, tout en nous donnant une notion de l'endroit où nous nous insérons dans le système.

Dans une telle perspective, nos cadres de référence habituels sont mis à mal. Soit nous faisons face au choix d'abandonner notre myopie en faveur de l'acceptation d'une représentation gigantesque, soit nous sommes dépassés par un sentiment de petitesse et d'impuissance. Sachez cependant que nous sommes composés des mêmes molécules que les étoiles qui composent la Voie Lactée. Nous sommes donc constamment reliés à la Terre et à l'univers entier, dans la vie comme dans la mort.

Vous avez perdu votre perspective ; il est temps de revenir en arrière, de respirer et de vous éloigner pour aller collecter des informations afin de retrouver votre point de vue sur la situation. Le détachement n'implique pas l'indifférence – cela indique simplement que vous regardez les choses d'un peu plus loin. C'est une vision qui n'est pas assombrie par les émotions, le jugement ou le souci du résultat, mais qui conserve une conscience indépendante.

Le Témoin, cet aspect intérieur qui observe tout ce qui se passe dans votre vie, vous prête ici ses yeux. À travers ces lentilles de conscience pure, vous pouvez examiner tous les aspects de vos expériences – physiques, émotionnelles et mentales – sans rien occulter. Vous arriverez alors à envisager une perspective plus vaste qui n'est pas alignée sur l'ego et vous permet de voir devant vous avec une vision claire et un esprit ouvert.

VOLCAN

Volatilité

Pélé (prononcer PÉ-lé) est une déesse qui vit sur la grande île d'Hawaii, logeant dans les cratères du Kilauea, un volcan en activité. Sans doute la plus renommée de toute la panoplie des déités hawaïennes, on la dit passionnée, versatile et capricieuse. Depuis 1983, elle déverse des torrents de lave sur les flancs du volcan, qui s'écoulent dans la mer et forment de nouvelles terres.

Cette illustration montre son visage subtil dans la fumée crachée par le volcan. Dans les anciens chants hawaïens, Pélé est décrite comme « celle qui façonne la terre sacrée », puisque c'est grâce à cette puissante et magnifique déesse et à ses éruptions périodiques que de nouvelles terres se créent lorsque sa lave se mêle à l'eau de sa sœur, la déesse de la mer Na-maka-o-kaha'i (prononcer na-MA-ka-HO-ka-HI).

La nature imprévisible et versatile des volcans est un fait connu et malgré les efforts de la science pour prévoir leurs explosions, celles-ci arrivent parfois sans crier gare. Mais qu'elles soient lentes et régulières ou violentes et explosives, les éruptions volcaniques représentent une force indomptable et spectaculaire dont se sert la Nature pour transformer le paysage et façonner la Terre.

C'est une période particulièrement explosive pour vous. Vous subissez des changements inattendus, parfois soudains et dramatiques, qui ne vous laissent aucun contrôle. Ces événements sont si puissants qu'ils ébranlent ce que vous pensiez être les fondations mêmes de votre sécurité. Ils peuvent aller jusqu'à vous obliger à réaffirmer la direction de votre vie, à remettre en question quelques-unes de vos relations et à réévaluer le travail que vous avez choisi.

Bien que ces épreuves secouent votre quotidien, prenez conscience que l'Esprit est la force qui les pilote. Il s'agit de trouver en vous la confiance en la Vie, qui sait ce qu'elle fait au milieu des tourbillons du changement. Cela vous demande de faire des ajustements rapides sans vous accrocher à ce qui n'est plus, en accueillant les bras grands ouverts ce qui doit arriver, tout cela en restant présent à chaque instant. Vous n'avez absolument rien à craindre.

Un grand merci à ma femme et partenaire Jesseca pour son assistance dans la préparation de ce jeu de cartes oracle, pour son choix des illustrations et sa correction du premier manuscrit. Je suis reconnaissant pour son amour, son soutien, ses encouragements et sa confiance en moi pour ce projet.

Merci à vous tous pour votre amour de la Terre.

À PROPOS DE L'AUTEUR

Steven D. Farmer est guérisseur de l'âme, chaman, pasteur, hypnothérapeute, ancien professeur d'université et psychothérapeute. Il est l'auteur de plusieurs livres dont *L'esprit-guide de l'animal* et de jeux de cartes oracle, dont *Messages de votre animal totem*, ainsi que d'un CD de méditation guidée accompagnant ce jeu.

Steven propose des stages et des conférences sur le thème de la guérison de l'âme et sur différents sujets spirituels concernant la Terre. Il soigne aussi en séance individuelle, en personne ou par téléphone.

Steven habite à Laguna Beach en Californie. Pour obtenir de plus amples informations, visitez son site Web : **www.DrStevenFarmer.com**.

CRÉDITS ILLUSTRATIONS

(*Nom de la carte :* nom de l'artiste, **site Web**)

ADN : Jeremy Donovan
www.jeremydonovan.com.au/gallery.php

Aigle : Lyle W. Miller père
http://fineartamerica.com/featured/eagle-dreamer-lyle-w-miller-sr.html

Amour : Meganne Forbes
www.sacredcatalog.com/iambridge/getArtListByArtist.do?artistId=64

Ancêtres : Jeremy Donovan
www.jeremydonovan.com.au/gallery.php

Arbre : Victoria Christian
www.victoriachristian.com/paintings.php?painting=Magnificent+Tree

Arc-en-ciel : Linda Morland
http://fineartamerica.com/featured/jons-rainbow-linda-morland.html

Aube : Walfrido
www.heartrockproductions.com/7.html

Baleine : Barry Ingham
www.amcs.org.au/default2.asp?active_page_id=424

Brouillard : Jan Bonner
http://fineartamerica.com/featured/hope-jan-bonner.html
Dance: Lindsay Gardam
www.artshow.com/gardam/child.html

Cascade : Doug Oliver
www.dougoliver.com/gallerydetail.asp?id=158

Cérémonie : Cynthia Ré Robbins
www.art4spirit.com/MainPage.html

Chaman : J. W. Baker
http://fineartamerica.com/featured/ghost-shaman-j-w-baker.html

Cristaux : Gilbert Williams
www.gilbertwilliamsgallery.com/welcome.html

Danse : Lindsay Gardam
www.artshow.com/gardam/child.html

Désert : Gabriel Lueders
www.gabriellueders.com/?p=51

Éclair : Walfrido
www.heartrockproductions.com/4.html

Enfance : Tim Tron
http://fineartamerica.com/featured/gods-light-tim-tron.html

Équinoxe d'automne : Angel Ortiz
http://fineartamerica.com/featured/oton-al-angel-ortiz.html

Équinoxe de printemps : Helena Nelson-Reed
http://celticanamcara.blogspot.com/2009/03/spring-equinox.html paintings2.html

Fées : Gilbert Williams
www.gilbertwilliamsgallery.com/paintings2.html

Feu : Bj. De Castro
http://bjdecastro.com/art/fire_knife_dance.html

Fleur de lotus : Sundara Fawn
http://fineartamerica.com/featured/silent-wisdom-sundara-fawn.html

Forêt : Angel Ortiz
http:// fineartamerica.com/featured/santuerio-angel-ortiz.html

Gaïa : Josephine Wall
www.josephinewall.co.uk/josephine.html

Grotte : Garret Moore
www.sacredcatalog.com/iambridge/getArtListByArtist.do?artistId=9

Homme vert : Ruary J. Allan
www.artalchemist.com/gallery_pages/gallery3b.html

Iceberg : Cliff Wassmann
www.artseek.com/antarctica/antarctica07.html

Ile : Rajinder Aggarwal
http://fineartamerica.com/featured/lovely-nature-rajinder-aggarwal.html

Lac : T. C. Chiu
www.art.com/products/p10097208-sc-i1647895/t-c-chiu-willow-park-lake.htm

Libellule : Sharon George
www.sacredcatalog.com/iambridge/getArtListByArtist.do?artistId=74

Loup : Eric Wilson
www.ericwilsonwildlifeart.com/AMWLoneWolf.html

Montagne : Doug Oliver
www.dougoliver.com/home.htm
Musique : Ian Marke
www.ianmarke.com/page167.html

Nouvelle lune : David Adams
http://davidadamsonline.com/nature_paintings1.htm

Nuages : Ken Bushe
www.kenbushe.co.uk/html/_the_homecoming_.html

Océan : Walfrido
www.heartrockproductions.com/5.html

Peuple de pierre : David Adams
www.davidadamsonline.com/images/shoreline_sentinals_1.htm

Pleine lune : Ted Berkey
www.prisonsfoundation.org/prints/moon.html

Pluie : Eva Thomas
http://fineartamerica.com/featured/rainy-night-eva-thomas.html

Prairie : Mike Dawson
http://fineartamerica.com/featured/spring-meadows-mike-dawson.html

Rêverie : Amoraea Dreamseed
www.synergenesiscode.com

Rivière : Walfrido
www.heartrockproductions.com/7.html

Solstice d'été : Sabin Boykinov
www.sacredcatalog.com/iambridge/getArtListByArtist.do?artistId=40

Solstice d'hiver : Mikki Alhart
http://fineartamerica.com/featured/winter-reflections-mikki-alhart.html

Tsunami : Angel Ortiz
http://fineartamerica.com/featured/tsunami-angel-ortiz.html

Vent : Bill Briggs
www.briggsartstudio.com/html/fantasy_paintings.html

Voie lactée : Garrett Moore
http://home.comcast.net/~garret1/homepage.html

Volcan : Jim Warren
www.jimwarren.com/site

ÉGALEMENT DISPONIBLE

Messages de votre animal totem
Steven D. Farmer
Éditions Exergue